Salsas

Salsas

Marjie Lambert

KÖNEMANN

Copyright © 1994 Quintet Publishing Limited
All rights reserved. No part of this publication
may be reproduced, stored in a retrieval system,
or transmitted in any form or by any means,
electronic, mechanical, photocopying, recording
or otherwise, without the permission of the copyright holder.

This book was designed and produced by
Quintet Publishing Limited
6 Blundell Street
London N7 9BH

Creative Director: Richard Dewing
Designer: Kerry Quested @ Design Revolution,
Brighton
Project Editor: Helen Denholm
Editor: Jane Middleton
Food Photographer: Andrew Sydenham
Home Economy: Nicola Fowler und Deborah Greatrex

Original title: Salsa Cooking

Bildnachweis
Russell und Pamela Bamert: Seite 11, 13, 25, 32, 39, 56, 110
Travel Ink Photo & Feature Library: Seite 45, 50
Trip (© Richard Powers): Seite 29
Peter Wilson: Seite 2, 68, 81, 90, 96, 128

Danksagung
Mein Dank gilt meinen Freunden George und Karen,
Helen bei Quintet und – wie immer – Terry.

© 1997 für die deutsche Ausgabe
Könemann Verlagsgesellschaft mbH
Bonner Str. 126, D-50968 Köln
Redaktion und DTP-Satz der deutschen Ausgabe:
GAIA Text, München
Übersetzung aus dem Englischen:
Jens Uhrbach und Jürgen Braun für GAIA Text, München
Druck und Bindung: Star Standard
Printed in Singapore

ISBN 3-89508-431-X

Inhalt

Einführung **6**
Zutaten **7**
Zubereitungstechniken **11**

Rohe Salsas **15**
Gekochte Salsas **31**
Fruchtsalsas **41**
Vorspeisen **49**
Salate **65**
Suppen, Eintöpfe und Bohnengerichte **75**
Reis, Nudeln und Beilagen **87**
Mexikanische Gerichte **95**
Fleischgerichte **105**
Fisch und Meeresfrüchte **117**
Vegetarische Gerichte **125**
Nachspeisen **135**

Register **144**

Einführung

Sobald man glaubt, eine Definition dafür gefunden zu haben, entdeckt man schon wieder eine Ausnahme. So werden nicht bei jeder Salsa Chillies verwendet. Typische Salsas werden als Ergänzung gereicht, andere hingegen, wie z. B. die Schwarze-Bohnen-Zuckermais-Salsa, sind so herzhaft, daß sie keine Begleitung benötigen. Salsas können roh oder gekocht zubereitet werden: In einer rohen Salsa findet man häufig (gegrillte oder gebratene) Zutaten, die ihr einen spezifischen Geschmack verleihen oder ihren intensiven Geschmack etwas abmildern. Salsas passen vorzüglich zu beinahe allen Speisen; man ißt sie zu gegrilltem Fleisch und Meeresfrüchten, zu Eierspeisen und Nudelgerichten, zu Salaten, unter gedämpftes Gemüse gemengt und natürlich zu mexikanischen Gerichten wie Tacos und Chillies Rellenos. Einige Salsas werden sogar mit Eiscreme serviert.

Das Wort Salsa kommt aus dem Spanischen und bedeutet Sauce. Salsas stammen ursprünglich aus Mexiko, sind aber seit langer Zeit fester Bestandteil sowohl der karibischen und der süd- und mittelamerikanischen Küche als auch der Küche des Südwestens der Vereinigten Staaten. Und seit 1990 hat die Leidenschaft für Salsas auch andere Gegenden der USA und Europa erfaßt. 1992 gaben die US-Bürger doppelt soviel Geld für Salsas und andere mexikanische Saucen aus wie für Ketchup – zuvor noch die Lieblingswürze der Amerikaner bei zahlreichen Speisen. Bis heute sind die Verkaufszahlen für Salsaprodukte kontinuierlich gestiegen.

Salsaprodukte in immer größerer Auswahl gibt es im Spezialitätenhandel, in Feinkostläden, Supermärkten und an Marktständen. Neben den eingemachten, konservierten Produkten findet man heute immer mehr frische, rohe Salsas in den Kühlregalen der Kaufhäuser und Supermärkte. Beim Einmachprozeß werden die Salsas auf 93 °C erhitzt; dabei büßen sie viel von ihrem wunderbar frischen Geschmack und ihrer natürlichen Konsistenz ein. Obwohl noch immer die konservierten Salsas das Angebot in den Läden bestimmen, werden doch zunehmend Spezial- und Gourmetsalsas angeboten, die die Grundpalette der verschiedenen Salsazubereitungen deutlich erweitert haben – ein Zeichen für den Appetit der Verbraucher nach immer ausgefalleneren Geschmacksrichtungen. Auch frische und getrocknete Chilisorten erfreuen sich einer steigenden Beliebtheit.

Eigentlich ist es nicht schwer zu verstehen, warum Salsas derart populär geworden sind. Immer mehr Menschen begeistern sich für exotische, scharfe Zutaten und gehen in den Küchen der Welt auf Entdeckungsreise.

Kulinarische Köstlichkeiten werden in neuen, aufregenden Kombinationen zusammengestellt, wobei die unproblematische Zubereitung eine wichtige Rolle spielt. Und Salsas sind leicht herzustellen. Zudem trägt die Salsaküche dem Wunsch nach gesunder Ernährung Rechnung. Da Salsas aus frischem Obst, Gemüse, Chillies, Kräutern und mit nur wenig Olivenöl zubereitet werden, stellen sie eine bekömmliche Alternative zu vielen gängigen, mit Fett und Rahm zubereiteten Saucen dar.

Paul Prudhomme, ein ausgesprochener Förderer und Liebhaber der Küche Louisianas, spricht gerne von Kochkunst, die wie ein »rundes« Ereignis auf der Zunge zergeht und deren vielschichtige Geschmackseindrücke den Gaumen zum Tanzen bringen. Eine gute und frische Salsa hat fast den gleichen Effekt. Jede Salsa stellt eine Verbindung unterschiedlichster Geschmacksrichtungen dar, die durch die Schärfe der Chillies ihren eigenen Charakter erhält.

In diesem Buch sind mehr als 40 Salsarezepte aufgeführt. Sie reichen von Variationen auf der Basis von Tomaten-Zwiebel-Chillies über Schwarze-Bohnen-Salsa, Zuckermaissalsa und Fruchtsalsas bis hin zu Salsas, die mit gerösteten Chillies zubereitet werden. Außerdem gibt es rohe Salsas, gekochte Salsas und Wintersalsas für die Jahreszeit, in der frische, aromatische Tomaten und Chillies nur schwer zu bekommen sind. Sogar Dessertsalsas, die über Eiscreme gegeben werden, finden sich in diesem Buch.

Darüber hinaus werden viele Beispiele genannt, wie Sie die Salsas servieren können: mit Rezepten für Vorspeisen, Suppen, Salate, Zwischenmahlzeiten, Hauptgänge und Desserts. Die Liste der Salsarezepte ist so gut wie vollständig, während eine Reihe anderer Rezepte nur kurz erläutert wird und als Kostprobe oder Anregung für die eigene Kreativität zu verstehen ist.

Zutaten

Chillies

Chillies werden überall auf der Welt angepflanzt, ob es sich nun um Paprikaschoten handelt, aus denen das berühmte ungarische Paprikagewürz hergestellt wird, um scharfe rote Thai-Chillies oder um die feurigen Scotch-Bonnet-Chillies der Karibik. Auf alle Fälle gibt Mexiko mit ungefähr 100 Chilisorten, von denen nur wenige außerhalb Mexikos zu bekommen sind, den Ton an, wenn von Chillies die Rede ist.

Es ist gar nicht so leicht, bestimmte frische oder getrocknete Chillies zu kaufen, da sie häufig falsch oder gar nicht ausgezeichnet sind. In vielen Supermärkten werden einfach frische Chillies angeboten – bisweilen auch in Form von Zierkränzen. In den meisten Fällen aber ist die Farbe – rot oder grün – der einzig erkennbare Unterschied. Nichts deutet darauf hin, um welche Sorte es sich handelt, ob es Anaheim-, Serrano-, Habanero- oder Poblano-Chillies sind. Zudem werden getrocknete Chillies oft deshalb vom Einzelhändler ausgezeichnet, weil ein und dieselbe Chilisorte in verschiedenen Regionen Mexikos unterschiedliche Bezeichnungen trägt. Darum ist es sehr nützlich, seine Lieblingssorte selbst ausmachen zu können.

Chillies *(Capsicum Frutescens)* gehören zur Gattung der Nachtschattengewächse. Ihre Schärfe kommt vom Kapsaizin, einer Verbindung, die nicht, wie meist angenommen, in den Samenkörnern, sondern überwiegend in den weißen, fleischigen Scheidewänden der Schoten – besonders in Höhe der Stiele – konzentriert ist. Beim Öffnen eines Jalapeño-Chilis lassen sich die orangefarbenen, feinen Stränge – das Kapsaizin –, die entlang den Scheidewänden verlaufen, gut erkennen. Die Schärfe der Chillies läßt sich durch das Entfernen einiger oder aller Samenkörner und der Scheidewände regulieren und dem bevorzugten Schärfegrad anpassen.

1902 unternahm der Pharmakologe Wilbur Scoville den Versuch, die relative Schärfe von Chillies einzuordnen. Er mischte gemahlene Chillies mit Zucker, Alkohol und Wasser und übertrug die Werte, entsprechend der Verdünnungsmenge, die der Substanz zugefügt werden mußte, bis die Schärfe nicht mehr feststellbar war, in eine Skala. Heute werden diese Messungen mit Hilfe von Computertechnik durchgeführt; die Werte für Paprikaschoten sind gleich 0, die für Jalapeño-Chillies betragen 10 000, die für Serrano-Chillies 35 000 und die für Habanero- und Scotch-Bonnet-Chillies 150 000 beziehungsweise 200 000.

Frische Chillies

Die nachstehend genannten Chillies sind ihrer Schärfe entsprechend aufgeführt, angefangen bei den mildesten bis hin zu den schärfsten. Trotzdem ist es nicht einfach, eine exakte Beschreibung zu geben, da die Schärfe ein und derselben Chilisorte aufgrund der unterschiedlichen Wachstumsbedingungen verschieden sein kann.

Anaheim-Chili   Auch bekannt als California-Chili. Die hellgrüne, ca. 15 cm lange Schote ist dünn und relativ flach. Sie ist mild im Geschmack, wird nach dem Rösten geschält, eignet sich gut zum Füllen und wird für Chillies Rellenos verwendet.

New-Mexico-Chili   Der New-Mexico-Chili ähnelt in seinem Aussehen dem Anaheim-Chili, ist aber ein bißchen schärfer. Grüne New-Mexico-Chillies sind nur für kurze Zeit während der Herbstmonate außerhalb von New Mexico zu bekommen. Meistens läßt man sie reifen, bis sie rot sind. Nach der Ernte werden sie getrocknet. New-Mexico-Chillies werden häufig für Ristras, das sind Chilikränze, verwendet.

Poblano-Chili   Der grünschwarze Chili ist am Stielansatz breit und verjüngt sich zur Spitze hin. Er erinnert an dunkle, schrumpelige Paprikaschoten. Poblano-Chillies sind mäßig scharf, und man ißt sie niemals roh, sondern in gerösteter und geschälter Form. Man verwendet sie häufig für Chillies Rellenos. Poblano-Chillies werden häufig fälschlicherweise sowohl in frischem als auch in getrocknetem Zustand als Pasilla-Chillies bezeichnet.

Chili ist nicht gleich Chili

Obwohl heute auf den Märkten schon deutlich mehr Chilisorten als noch vor ein paar Jahren erhältlich sind, wird man dennoch die für eine bestimmte Salsazubereitung nötige Chilisorte nicht immer bekommen. Man sollte dann – mit Rücksicht auf den jeweiligen Schärfegrad – abwägen, welche Chilisorte sich durch eine andere ersetzen läßt. Es sei noch einmal darauf hingewiesen, daß der Schärfegrad einer Salsa immer auch damit zusammenhängt, wie viele der Samenkörner und Scheidewände der Chillies man zugibt. Natürlich ist dabei zu berücksichtigen, wie scharf die eine oder andere Chilisorte ist.

Hier ein paar Tips, wie sich bestimmte Chillies durch andere ersetzen lassen:

▶ Grüne, gelbe oder rote Paprikaschoten enthalten keine der Substanzen, die die Schärfe der Chillies ausmachen. Sie sollten deshalb nicht als Ersatz für Chillies verwendet werden.

▶ Anstelle der im Rezept genannten Chillies sollte man eine Chilisorte wählen, deren Schärfegrad diesen annähernd entspricht, es sei denn, die Salsa soll schärfer oder weniger scharf werden. So läßt sich ein Jalapeño-Chili gut durch einen Serrano-Chili ersetzen, jedoch nicht durch einen Anaheim-Chili. Ganz gleich, wie viele Anaheim-Chillies in die entsprechende Salsa gegeben werden, sie wird nie so scharf werden wie eine mit Jalapeño-Chillies.

▶ Einige der größeren Chilisorten mit festerer Haut, wie Poblano- oder Anaheim-Chillies, werden in der Regel geröstet und geschält, bevor man sie in die Salsa gibt. Obwohl sich geröstete durch roh verwendete Chillies ersetzen lassen und umgekehrt, ändert sich doch das Charakteristische der jeweiligen Salsazubereitung.

▶ Sind nur getrocknete Chillies erhältlich, wählt man besser ein Rezept für eine gekochte Salsa. Gute rohe Salsas gelingen mit eingeweichten getrockneten Chillies meist nicht.

ZUTATEN

Jalapeño-Chillies   Die glänzenden, grünen Chillies sind wahrscheinlich die am meisten verwendete Chilisorte außerhalb Mexikos. Sie haben eine glatte Haut, sind spitz zulaufend und ca. 7,5 cm lang. Obwohl sie scharf sind, schmecken sie deutlich weniger scharf, wenn man Samenkörner und Scheidewände entfernt. Sie können roh, geröstet, eingemacht, geräuchert oder getrocknet verwendet werden. Reifen sie länger, werden sie rot.

Serrano-Chillies   Die kleinen, ca. 5 cm langen Schoten sind etwas schärfer als Jalapeño-Chillies und sehr dünn. Sie sind reif, wenn sie dunkelgrün werden. Läßt man sie länger auf dem Feld wachsen, werden sie glänzend rot. Serrano-Chillies werden meist roh in Salsas gegeben.

Habanero-Chillies   Die Chillies aus Yucatán sind zusammen mit den bereits erwähnten karibischen Scotch-Bonnet-Chillies die schärfsten Chillies, die angebaut werden. Sie sind nur selten erhältlich, werden aber gemeinhin als Zutat für eingemachte scharfe

Saucen verwendet. Habanero-Chillies sehen wie zu klein geratene Paprikaschoten aus und sind ca. 5 cm lang; ihre Farbe reicht von Grün bis Orangerot.

Auch andere frische Chillies sind gelegentlich im Spezialhandel erhältlich: *Cayenne-Chillies,* lange, dünne, glänzend rote und scharfe Schoten, die häufig getrocknet und zu Cayennepfeffer verarbeitet werden; *Cubanelle-Chillies,* lange, dünne, gelbe oder hellgrüne Schoten, die mild und süßlich schmecken und als Ersatz für Anaheim-Chillies verwendet werden können; *Pasilla-Chillies,* auch unter dem Namen Chili Negro bekannt, sind schmale violettschwarze Schoten, die mäßig scharf schmecken, ähnlich wie Poblano-Chillies; *Fresno-Chillies,* auch bekannt unter der Bezeichnung Wachs-Chili oder karibischer Chili, werden ähnlich groß wie Jalapeño-Chillies, ähneln aber in ihrer Form mehr einem Dreieck, schmecken sehr scharf und sind von hellgrüner bis glänzendroter Farbe. Fresno-Chillies werden gelegentlich auch *Chillies Gueros* genannt, ein Oberbegriff für hellgrüne oder gelbe Chillies.

Getrocknete Chillies

California-Chillies   California-Chillies sind getrocknete Anaheim-Chillies. Die mild schmeckenden Schoten sind lang, dünn und rötlichbraun.

Ancho-Chillies   Ancho-Chillies sind getrocknete Poblano-Chillies. Sie sind angenehm scharf, aber nicht zu sehr. Sie werden häufig fälschlicherweise als Pasilla-Chillies ausgezeichnet. Man kann sie aber voneinander unterscheiden, wenn man sie gegen das Licht hält: Ancho-Chillies sind dann rötlichbraun, wohingegen die Pasilla-Chillies bräunlichschwarz werden.

New Mexico   New-Mexico-Chillies, Verwandte der Anaheim-Chillies, reifen, bis sie rot und scharf sind. In getrockneter Form erhält man sie fast immer im Fachhandel.

Cascabel   Cascabel bezeichnet sowohl frische als auch getrocknete Chillies. Sie sind der Form nach kirschenähnlich, meistens in getrockneter Form erhältlich und schmecken mäßig bis gut scharf und leicht fruchtig. Cascabel-Chillies werden leicht geröstet, dann zerstoßen und in Saucen gegeben.

Chipotle-Chillies   Chipotle-Chillies sind geräucherte und getrocknete Jalapeño-Chillies. Sie sind scharf und haben einen wunderbar rauchigen Geschmack. Als Konserve sind sie auch in Adobosauce in südamerikanischen Spezialgeschäften erhältlich. Hat man sich

ZUTATEN

einmal mit ihrem Geschmack und ihrer Schärfe angefreundet, wird man sie recht häufig verwenden.

Chili de Arbol Die kurzen, dünnen, orange- bis rotfarbenen Schoten sind sehr scharf. Gewöhnlich sind es getrocknete, rote Serrano-Chillies, es können aber auch Cayenne- oder Thai-Chillies sein. Häufig wird der Chili de Arbol auch einfach als »roter Chili« ausgezeichnet.

Chiliprodukte
Chiliflocken oder ***getrocknete, zerstoßene Chillies*** Die für gewöhnlich getrockneten roten New-Mexico-Chillies werden manchmal auch als karibische Chillies bezeichnet und sind scharf.

Chilipulver Chilipulver bezeichnet im allgemeinen eine Gewürzmischung, die aus gemahlenen Chillies und weiteren Gewürzen besteht und nur mild bis mäßig scharf schmeckt. Reines Chilipulver ist zumeist nur im Fachhandel erhältlich, weniger in Supermärkten. Gewöhnlich ist es schärfer als eine Gewürzmischung, aber wie scharf es wirklich ist, hängt von der dafür verwendeten Chilisorte ab.

Kalifornisches Chilipulver wird mit Anaheim-Chillies hergestellt, eine schärfere Variante mit Chimayo-Chillies aus New Mexico. Für Cayennepfeffer verwendet man auch getrocknete und gemahlene Chillies.

Eingemachte Chillies Eingemachte Chillies, bis auf Chipotle-Chillies, sind weniger zu empfehlen, da sie durch den Einmachprozeß viel von ihrem Geschmack und ihrer Konsistenz verlieren.

TOMATEN

Würde man Chillies mit dem Star einer Theateraufführung vergleichen, so besetzten Tomaten die Rolle des Chors. Nur wenn sie reif und aromatisch sind, sollte man sie verwenden. Sind sie aber geschmacklos und hart, verderben sie ein Rezept. Abgepackte Tomaten aus dem Supermarkt sind deshalb zu meiden. Natürlich gewachsene, reife und fleischige Tomaten sind künstlich gereiften vorzuziehen. Diese sind zwar meist teurer, aber dafür deutlich aromatischer. Bei Importware sollten Sie kleine den großen Früchten vorziehen, da sie den Transport besser überstehen. Wenn nur Tomaten aus der Dose erhältlich sind, entscheiden Sie sich am besten für ganze Tomaten wie italienische Eiertomaten. Sind die Tomaten hart, sollte man sie zumindest grillen; das macht selbst abgepackte Supermarkttomaten etwas schmackhafter. Ideal ist es natürlich, wenn man selbstgezüchtete Tomaten zur Verfügung hat oder Tomaten aus biologischem Anbau, die in Naturkostläden erhältlich sind.

ZWIEBELN

Für die Zubereitung der meisten Salsas sind Zwiebeln unverzichtbar. Sie sind sowohl roh als auch geröstet sehr intensiv im Geschmack. Am besten sind weiße oder braune Zwiebeln; bei einigen Rezepten werden andere Sorten empfohlen. Rote Zwiebeln eignen sich auch hervorragend für Salsas. Frische Frühlings- oder Lauchzwiebeln sind scharf im Geschmack und machen rohe Salsas so richtig knackig. Kleine Perlzwiebeln sind mild, aber meist nur auf Märkten und in Feinkostläden erhältlich. Sie eignen sich ebenfalls sehr gut für Salsas.

TOMATILLOS

Wegen ihres Aussehens werden Tomatillos gelegentlich auch als grüne Tomaten bezeichnet und anstelle von Tomaten für Salsas verwendet. Tomatillos gehören zur Familie der Stachelbeeren. Sie besitzen eine dicke äußere Schale, die entfernt werden muß. Nach dem Schälen sollte man sie mit kaltem Wasser reinigen, damit die klebrigen Rückstände an der Oberfläche der geschälten Früchte verschwinden. Glänzendgrüne Tomatillos sind noch nicht reif; hellgrüne bis gelbliche sind vorzuziehen. Werden unreife Früchte verwendet, wird die Salsa säuerlich. In diesem Fall müssen Sie etwas Zucker zugeben, um die Säure abzumildern.

KNOBLAUCH

Knoblauch ist ein fester Bestandteil vieler Salsas. Immer nur frischen, feingehackten Knoblauch verwenden, niemals Knoblauchpulver oder -salz. Knoblauchmus aus dem Glas geht auch. Durch Rösten und Garen im Ofen wird der Knoblauch mild und macht Salsas noch schmackhafter.

AVOCADOS

Avocados werden in vielen tropischen und subtropischen Gebieten angebaut, vor allem in Israel, Südafrika, Kamerun, auf Madeira und natürlich in Mittel- und Südamerika. Über 400 Arten sind bekannt, mit hell- bis dunkelgrüner, manchmal rötlicher oder fast schwarzer, immer aber rauher, narbiger Schale. Darunter sitzt das schmelzig-weiche Fruchtfleisch, das sehr nahrhaft ist und leicht nach Nuß schmeckt. Harte und offensichtlich noch unreife Avocados können unter Umständen innerhalb eines einzigen Tages matschig und überreif werden. Am besten kauft man Avocados ein paar Tage vor dem Verzehr, wenn sie noch hart sind. Die Avocados bei Raumtemperatur reifen lassen, ohne sie dabei direktem Sonnenlicht auszusetzen. Man kann den Reifeprozeß auch ein wenig beschleunigen, indem man sie zusammen mit einem Apfel in eine Papiertüte gibt. Die Avocados nicht in den Kühlschrank geben, bevor sie nicht reif sind. Erst wenn die Früchte reif sind, kann man sie noch ein bis zwei Tage im Kühlschrank aufbewahren. Bei der Zubereitung notfalls etwas Avocadoöl zugeben, wenn die Avocados zwar weich, aber noch nicht wirklich reif sind und nur wenig Eigengeschmack besitzen.

ZUTATEN

Paprikaschoten

Obwohl Paprikaschoten mit Chillies verwandt sind, enthalten sie kein Kapsaizin und können daher nicht als Ersatz für Chillies dienen. Grüne Paprikaschoten werden nur gelegentlich für Salsas verwendet. Die roten Paprikaschoten, die reife grüne Paprikaschoten sind, werden häufiger verwendet, entweder roh oder geröstet. Rote Paprikaschoten passen wegen ihres leicht süßlichen Geschmacks auch sehr gut zu Fruchtsalsas. Zudem sind sie roh sehr knackig. Geröstet und geschält ergänzen sie vorteilhaft eine Vielzahl von Salsas. Andere süßliche oder milde Sorten, wie bestimmte italienische und ungarische Paprikaschoten, eignen sich ebenfalls für die Zubereitung vieler Salsas, können aber scharfe Chillies nicht ersetzen. Samen und Scheidewände der Schoten vor dem Zubereiten entfernen.

Obst

Fruchtsalsas werden mehr in der Karibik und in den Vereinigten Staaten zubereitet als in Mexiko. Sie harmonieren sehr gut mit gekochtem Fleisch und Meeresfrüchten. Tropische Früchte wie **Mango**, **Papaya** und **Ananas** eignen sich überraschenderweise sehr gut für Zubereitungen mit scharfen Chillies. Häufig werden sie gegrillt, wodurch sie einen rauchigen Geschmack entwickeln. Besonders gegrillte Ananas ist sehr delikat. Mangos sollten fest, aber nicht hart sein; und für Salsas nimmt man etwas weniger reife als für den direkten Verzehr. Sie sind von gelber bis orangeroter Farbe (neuerdings gibt es Sorten, die reif sind, obwohl ihre Schale noch grün ist). Sind sie beim Kauf noch unreif, kann man sie bei Raumtemperatur zu Hause nachreifen lassen. Papayas sollten gelb sein und nur einige wenige grüne, auf keinen Fall weiche Stellen aufweisen. Man kann sie zu Hause etwas nachreifen lassen. Ananas sollten überwiegend goldbraun sein und nicht nur grün und ohne weiche Stellen. Ein leicht süßlicher Duft sollte von ihnen ausgehen. Sie reifen erst, wenn sie geerntet werden. **Pfirsiche** und **Nektarinen** sollten ein wenig weich sein. Sind sie nicht zu grün gepflückt worden, reifen sie zu Hause oder in einer Papiertüte nach.

Jicama

Die mexikanischen Jicamaknollen haben eine dünne, braune Haut und sollten geschält und roh gegessen werden. Sie haben einen milden Geschmack und werden vor allem wegen ihres knackigen Fruchtfleischs geschätzt. Sie eignen sich ausgezeichnet für Salsas und Salate. In Mexiko werden Jicamastücke, mit Limonensaft beträufelt und mit Chilipulver gewürzt, als Imbiß verzehrt.

Bohnen

Bohnen sind ein wichtiger Bestandteil der lateinamerikanischen Küche, und somit werden Bohnen auch häufig für Salsas verwendet. Gewöhnlich nimmt man für Salsas schwarze Bohnen. Sie haben einen rauchigen, nußigen Geschmack, benötigen aber Salz und andere Kräuter oder Gewürze zur Abrundung.

Chorizo

Chorizo ist eine würzige, scharfe Wurst, die meistens aus Schweinefleisch und seltener aus Rindfleisch hergestellt wird. Gewöhnlich wird Paprika als Hauptgewürz verwendet, aber die Zutaten können sehr unterschiedlich sein. Auch der Fettgehalt der Chorizo-Wurst ist unterschiedlich hoch. Chorizo paßt sehr gut zu Bohnen und Eiern.

Kräuter und Gewürze

Korianderkraut

Das wohl beliebteste Kraut oder Gewürz, das für Salsas verwendet wird, ist mit der Petersilie verwandt und wird seines durchdringenden Geschmacks wegen geschätzt. Frisches Korianderkraut ist überwiegend auf Märkten und in Feinkostläden erhältlich. Getrocknetes Korianderkraut wird fast nie für Salsas verwendet, und Koriandersamen können auch nicht anstelle von Korianderkraut zugegeben werden. Am besten ist Korianderkraut, wenn die Blätter glänzend und tiefgrün sind und womöglich noch Wurzeln haben. Gelbe Blätter entfernen und mit den Wurzeln, wenn noch vorhanden, in einen Plastikbeutel geben; in den Kühlschrank stellen, aber nicht in Zeitungspapier einwickeln.

Cumin

Cuminsamen sind ein wichtiger Bestandteil der mexikanischen Küche und stammen ursprünglich aus dem Mittelmeerraum. Meistens sind sie in gemahlener Form erhältlich, obwohl viele Köche die Samen gerne selbst rösten und mahlen. Das Gewürz paßt sehr gut zu Bohnen und wird gelegentlich auch für Salsas benutzt. Sparsam verwenden!

Oregano

Oregano, wilder Majoran, wächst in Italien und Mexiko. Mexikanischer Oregano ist intensiver. Oregano vorzugsweise in gerebelter Form verwenden. Einige Köche rösten Oregano vor der weiteren Verwendung kurz in einer ungefetteten Pfanne. Vorsicht, denn er verbrennt schnell! Andere Kräuter, die ab und zu für Salsas verwendet werden, sind **Basilikum,** das sehr gut mit Tomaten harmoniert, aber keine traditionelle Zutat für Salsas ist, frische **Minze,** die ebenfalls gut zu Tomaten und einigen Obstsorten paßt, frischer **Ingwer,** der häufiger für karibische Salsas verwendet wird, und **Epazole,** ein Kraut, das in der Medizin Verwendung findet, auch bekannt unter der Bezeichnung »Mexikanischer Tee«, in Europa aber nur selten erhältlich ist. Epazole wird im Süden Mexikos in Salsas und Gerichten mit Bohnen sehr geschätzt.

Zubereitungstechniken

Früher war die Zubereitung von Salsas denkbar einfach: Tomaten, Zwiebeln und Chillies wurden kleingeschnitten, dazu kamen ein Spritzer Limonensaft und eine Messerspitze Salz, vielleicht noch etwas Korianderkraut oder andere Kräuter, und fertig war die Sauce. Heute jedoch, da Salsas so beliebt geworden sind, gibt es beinahe unzählige Variationen dieser Grundzubereitung, wie z. B. die Verwendung gerösteter Zutaten, um einen intensiveren Geschmack zu erzielen; Salsas werden auch gekocht, damit die Sauce konzentrierter wird. Durch moderne Küchengeräte hat sich die Palette ebenfalls erweitert. Kommen sie jedoch unbedacht zum Einsatz, könnte das Ergebnis anstelle einer locker vermischten Zusammenstellung ausgesuchter Zutaten eine matschige Suppe sein. Gerade die dickliche, grobe Konsistenz ist es, die Lust auf Salsas macht. Nachstehend einige Tips, wie die Zubereitung von Salsas gelingt.

Für den Verkauf bestimmte Chillies auf dem Hatch Chile Festival in New Mexico.

WIE SIE IHRE HAUT SCHÜTZEN

Das Kapsaizin der Chillies kann Ihre Haut verbrennen. Weitaus unangenehmer ist es jedoch, wenn Sie es womöglich noch in die Augen bekommen. Sie merken nicht, wie oft Sie sich die Augen reiben und die empfindliche Gesichtshaut berühren, zumindest so lange nicht, bis Sie es einmal mit Kapsaizin an den Händen getan haben. Besonders schmerzhaft ist es, wenn das Kapsaizin mit Ihren Kontaktlinsen in Berührung kommt. Berühren Sie niemals Ihre Linsen, wenn Sie zuvor mit Chillies hantiert haben: Ihre Augen sind weitaus empfindlicher als Ihre Hände, und ein leichtes Kribbeln auf der Fingerspitze würde in den Augen höllische Schmerzen verursachen. Tragen Sie Gummihandschuhe, oder benutzen Sie kleine Plastikbeutel, wenn Sie Chillies verarbeiten. Frischhaltefolie tut es auch.

Kapsaizin ist nicht wasserlöslich. Es hilft deshalb nichts, die Hände dann unter fließendes Wasser zu halten - das würde den Schmerz nur noch verstärken. Seifen Sie die entsprechende Stelle ein, und spülen Sie sich anschließend die Hände ab. Sie können die Haut auch mit Pflanzenfett einreiben und sie anschließend mit Seife abwaschen.

RÖSTEN UND GRILLEN

Das Rösten verstärkt den Geschmack der Zutaten für Salsas. Sogar fade, harte und abgepackte Tomaten erhalten durch das Rösten über offenem Feuer einen intensiveren Geschmack. Durch diesen Prozeß werfen Chillies und Paprika Blasen, was das Ablösen der Haut erleichtert. Ein weiterer Vorteil des Röstens ist, daß der überschüssige Saft der Tomaten verdampft und die Salsa dadurch eine angenehm dickliche Konsistenz erhält.

In Mexiko wird traditionellerweise der *comal,* eine Pfanne zur Zubereitung von Tortillas, verwendet. Gußeiserne Pfannen sind hierfür ein guter Ersatz. Das Rösten über offener Flamme wird dabei bevorzugt, aber unter einem Grill lassen sich ebenfalls gute Ergebnisse erzielen, obwohl der leckere Räuchergeschmack dadurch ausbleibt.

Chillies und Paprikaschoten können im Ganzen oder als große, flache Stücke geröstet werden. Richten Sie die Hautseite zur Hitzequelle hin aus, und sehen Sie öfters nach. Die Haut beginnt sich leicht zu wölben, bekommt braune Stellen und verkohlt ein wenig. Poblano-Chillies lassen sich wegen ihrer oft ungleichmäßigen Oberfläche nicht so gut rösten wie rote Paprika, was aber nicht weiter schlimm ist. Achten Sie darauf, daß die Hitze nur die Haut verbrennt und nicht das Fruchtfleisch, und wenden Sie die fleischige Seite nicht der Hitzequelle zu. Werden die Chillies im Ganzen geröstet, wenden Sie sie, bis alle Seiten gut braun sind.

Nehmen Sie die Chillies oder Paprika beiseite, wenn die Haut Blasen geworfen hat und überwiegend braun bis leicht schwarz ist. Über offenem Feuer kann das zwei bis drei Minuten dauern, unter einem Grill bis zu zehn Minuten. Legen Sie die Chillies oder Paprika in einen Plastikbeutel oder einen verschließbaren Behälter, lassen Sie sie ca. zehn Minuten ausdampfen oder ziehen, und kratzen Sie anschließend die Haut ab. Sie sollte leicht zu entfernen sein, und ein paar dunkle Stellen der Haut können ruhig dranbleiben: Das verstärkt den Geschmack. Bedenken Sie, daß das Rösten das Kapsaizin nicht neutralisiert. Vermeiden Sie darum einen Kontakt mit den Händen. Werden Chillies oder Paprika im Ganzen geröstet, vergessen Sie nicht, Samenkörner und Scheidewände zu entfernen.

Werden nur ein oder zwei Chillies geröstet, so kann man dies auch über der Flamme eines Gasbrenners machen. Nehmen Sie dafür eine lange Zange, oder spießen Sie die Chillies auf eine lange Gabel, und halten Sie sie über die Flamme. Diese Methode nimmt jedoch mehr Zeit in Anspruch, da sich so immer nur ein Chili zubereiten läßt.

Getrocknete Chillies werden durch das Rösten besonders schmackhaft. Legen Sie sie bei 120 °C ca. 5 Minuten in den Ofen oder in eine nicht gefettete Pfanne, bis sie leicht braun werden. Auf keinen Fall schwarz werden lassen, denn sonst schmecken sie bitter. Durch das Rösten fallen die Chillies leicht auseinander.

Auch ***Tomaten*** gewinnen durch das Rösten über offenem Feuer an Geschmack. Schneiden Sie die Tomaten in zwei Hälften, und drücken Sie den Großteil der Kerne und des überschüssigen Safts heraus. Wenden Sie die Hautseite der Hitzequelle zu und rösten Sie die Stücke, bis die Haut teilweise verbrannt ist und sich leicht entfernen läßt. Werden die Tomatenhälften über offenem Feuer geröstet, richten

1. Die Chillies oder Paprika auf ein Blech legen und unter den Grill schieben, bis die Haut leicht schwarz wird.

2. Nach dem Rösten die Chillies oder Paprika ca. 10 Minuten in einen Plastikbeutel oder einen verschließbaren Behälter geben.

3. Die Haut abziehen oder abkratzen; nicht alle schwarzen Stellen entfernen, da diese den Röstgeschmack verstärken.

Sie die angeschnittene Seite zur Flamme. Werden die Tomaten unter dem Grill geröstet, legen Sie sie mit der angeschnittenen Seite auf ein feuerfestes Backblech. Bei Blechen ohne Rand kann man mit Hilfe von Alufolie einen Rand formen, der dann den Saft auffängt. Lösen Sie nach dem Rösten die Haut ab, und geben Sie die Tomatenstücke in ein Sieb, so daß die überschüssige Flüssigkeit abtropfen kann.

Gehen Sie bei Zwiebelstücken, ungeschälten Knoblauchzehen, geschälten Tomatillos (kleine, grüne, tomatenähnliche Früchte), Mango- oder Ananasstücken auf die gleiche Art und Weise vor. ***Zwiebeln*** sollten auf beiden Seiten geröstet werden, bis sie braun und weich sind und duften. Bei ***Knoblauchzehen*** muß man behutsam vorgehen, da die Haut leicht verbrennt und die Zehen dann bitter werden. ***Tomatillos*** werden durch das Rösten weich, die Haut pellt sich ab und nimmt eine braune Farbe an. ***Ananas-*** und ***Mangostücke*** sollte man nur leicht anbräunen. Bedenken Sie, daß die Zutaten in erster Linie an Geschmack gewinnen sollen und nicht durchgegart werden müssen.

Das Einweichen getrockneter Chillies

Schneiden Sie die Chillies auf, entfernen Sie die Stiele und, je nach Geschmack, auch die Samen. Die Stiele von Chipotle-Chillies lassen sich nach dem Einweichen leichter entfernen.

Die Einweichzeit läßt sich verkürzen, indem man die Chillies in zwei Hälften teilt. Geben Sie die getrockneten Chillies in einen kleinen, hitzebeständigen Behälter, gießen Sie kochendes Wasser darüber, und lassen Sie sie ziehen, bis sie weich und biegsam werden. Vorsicht: Ein Teil des Kapsaizins könnte durch den aufsteigenden Dampf Nase, Rachen und Lungen angreifen. Weichen Sie die Chillies nicht länger als 20–30 Minuten ein, und verwenden Sie so wenig Wasser wie nur möglich, da Wasser einen Teil der Geschmacksstoffe aufnimmt. Sind die Chillies sehr trocken und spröde, kochen Sie sie in schwach aufwallendem Wasser.

Verarbeiten Sie die Chillies mit der Einweichflüssigkeit, frischem Wasser oder einer Brühe, wie im Rezept angegeben. Sie können die Masse auch durch ein Sieb drücken, wodurch die Hautstücke entfernt werden und die Sauce schön glatt und sämig wird. Für Salsas von dicklicher, grober Konsistenz empfiehlt es sich, die Masse nicht durchzuseihen.

KLEINSCHNEIDEN UND MIXEN

Die besten rohen Salsas werden mit der Hand gemacht, und zwar mit einem scharfen Messer. Es ist erstaunlich, um wieviel einfacher und schneller das Kleinschneiden geht, wenn Ihre Messer wirklich scharf sind. Stumpfe Messer verwandeln das Kochen in eine langwierige Angelegenheit, zerdrücken zudem die Zutaten, und möglicherweise ziehen Sie sich durch das Kapsaizin der Chillies Verbrennungen zu. Was tun Sie in einem solchen Fall? Geben Sie alle Zutaten einfach in den Küchenmixer. Die Versuchung ist so oder so groß. Ein Küchenmixer schneidet und mixt alle Zutaten in wenigen Sekunden, und die Gefahr, sich zu schneiden oder sich die Finger mit Kapsaizin zu verbrennen, ist deutlich geringer. Er kann die Salsa aber auch in eine breiige Masse verwandeln, bei der die einzelnen Zutaten ihren individuellen Geschmack eingebüßt haben. Aus diesem Grund sollte man mit dem Küchenmixer sparsam und vorsichtig umgehen. Hier ein paar hilfreiche Regeln, die zu beachten sind, wenn der Einsatz des Küchenmixers unumgänglich ist, wenn beispielsweise Gäste in fünf Minuten erwartet werden und die Salsa noch nicht fertig ist.

1. Zumindest ein Teil der Zutaten sollte mit der Hand kleingeschnitten werden: Das verbessert die Konsistenz der Salsa. Den Küchenmixer verwendet man am besten für Zutaten von festerer Konsistenz, wie Zwiebeln, Knoblauch und geröstete Chillies. Zutaten wie Tomaten und rohe Chillies haben einen höheren Wasseranteil und können die Salsa im Mixer zu einer dünnen Suppe werden lassen. Geben Sie zu guter Letzt eine mit der Hand kleingeschnittene Tomate zu.

2. Mixen Sie die Zutaten in kurzen Intervallen, und sehen Sie nach jedem Schub nach, ob die gewünschte Konsistenz bereits erreicht ist.

3. Tomaten erst zugeben, nachdem Zutaten von festerer Konsistenz, wie z. B. in Viertel geschnittene Zwiebeln, in den Mixer gegeben wurden. Das Zerkleinern von Zwiebeln dauert länger als das Mixen von Tomaten.

Wenn Sie eine Salsa aus gegarten Zutaten zubereiten oder die Sauce glatt und sämig sein soll, ändert sich die Vorgehensweise entsprechend. Auch wenn das Garen bewirkt, daß ein Großteil des Wasseranteils der Zutaten verdampft, sollte der Küchenmixer nur sparsam zum Einsatz kommen. Auch hier die Zutaten nur in kurzen Schüben zerkleinern und den Mixer nicht durchgehend laufen lassen.

Der Einsatz des Küchenmixers ist vor allem dann angebracht, wenn es darum geht, eine Salsa mit gerösteten Chillies oder Paprikas zuzubereiten. Das Rösten läßt einen Teil des Wassers der Zutaten verdampfen und gibt dem Fleisch eine festere Konsistenz. Geröstete Chillies sind manchmal etwas faserig, und es kann daher sein, daß nach dem Mixen ganze Fäden übrigbleiben. Daher sollten geröstete Chillies vor dem Mixen der Breite nach in Streifen geschnitten werden.

Hier werden scharfe Salsas auf einem Chilifestival in New Mexico serviert. Das Tragen von Schutzhandschuhen verhindert, daß das Kapsaizin der Chillies die Hände angreift.

NÜTZLICHE TIPS

▶ Wenn Sie die Zutaten für eine Salsa garen, um den Flüssigkeitsanteil zu reduzieren, verwenden Sie breites und flaches Kochgeschirr. Die Flüssigkeit verdampft so schneller, ohne daß die Zutaten dabei zu lange gegart werden.

▶ Salsas aus rohen Zutaten mindestens 30 Minuten stehen lassen, damit sich der Geschmack entfalten kann. Dann probieren und noch einmal abschmecken.

▶ Um die Haut von Tomaten abziehen zu können, geben Sie sie 30–40 Sekunden in kochendes Wasser und schrecken sie dann in eiskaltem Wasser ab. Die Haut läßt sich nun leicht abziehen.

▶ Verwenden Sie kein Kochgeschirr aus Aluminium. Die Säure der Salsas greift das Metall an und gibt der Salsa einen metallenen Geschmack.

Rohe Salsas

Salsa mit gerösteten Jalapeño-Chillies
Guacamole
Salsa Cruda I
Salsa Cruda II
Salsa Cruda III
Rote-Paprika-Salsa
Gurkensalsa
Zuckermaissalsa
Zucchinisalsa

Avocadosalsa
Olivensalsa
Tomaten-Minze-Salsa
Tomatillo-Habanero-Salsa
Scharfe Kräutersalsa
Kaktussalsa
Barbecue-Salsa
Schwarze-Bohnen-Salsa
Koriander-Chili-Pesto
Spülstein-Guacamole
Radieschensalsa
Salsa aus geröstetem Zuckermais

Salsa mit gerösteten Jalapeño-Chillies

Ergibt ca. 250 g

Auf den ersten Blick scheint diese Salsa unerträglich scharf zu sein. Entfernt man aber Samenkörner und Scheidewände der Jalapeños und röstet sie anschließend, entwickeln sie einen wunderbar weichen Geschmack, der nur mäßig scharf ist. Probieren Sie diese Salsa auf Brötchen, zu gedämpftem Gemüse, Fleisch oder Fisch.

ZUTATEN

15 Jalapeño-Chillies
4 Anaheim-Chillies
3 x 1 cm dicke Scheiben von roten Zwiebeln, geschält
5 Knoblauchzehen, ungeschält
¼ TL Oregano, getrocknet
2 EL Olivenöl
1 EL frischer Limonensaft
¼ TL Salz

ZUBEREITUNG

▶ Die Jalapeño- und Anaheim-Chillies der Länge nach in Hälften schneiden und Samenkörner und Scheidewände entfernen. Die Chillies, Zwiebelscheiben und Knoblauchzehen in einer gußeisernen Pfanne oder unter einem Grill rösten; darauf achten, daß die Hautseite der Chillies der Hitzequelle zugewandt ist. Die Chillies nehmen ungleichmäßig Farbe an, und die Haut muß nicht an allen Stellen dunkel geröstet sein. Das Fruchtfleisch darf durch das Rösten nicht verkohlen. Die Chillies herausnehmen und in einem Plastikbeutel 10 Minuten verschlossen liegen lassen. Dadurch löst sich die Haut, und man kann sie anschließend leichter entfernen.

▶ Die Zwiebelscheiben wenden und beidseitig rösten. Sie sollten leicht Farbe annehmen und weich werden. Die Knoblauchzehen einmal wenden und beiseite legen, wenn sie weich geworden sind. Vorsicht: Knoblauch wird durch übermäßiges Rösten bitter!

▶ Mit einem scharfen Messer die Haut abziehen oder abkratzen. Die Haut der Jalapeño-Chillies ist nicht so fest wie die anderer Chilisorten, daher kann man ruhig einen Teil der Haut mitverwerten. Geröstete Chillies werden leicht faserig, darum die Chillies der Breite nach in Streifen schneiden und im Küchenmixer zerkleinern.

▶ Die Zwiebelscheiben vierteln und die geschälten Knoblauchzehen (verbrannte Stellen vorher herausschneiden) in den Mixer geben. Restliche Zutaten hinzugeben und schubweise mixen, bis alles zerkleinert – aber nicht feinpüriert – ist.

GUACAMOLE

In seiner einfachsten Form besteht Guacamole lediglich aus zerdrückten Avocados und Tomaten. Für die meisten Guacamoles und Avocadosalsas werden noch weitere Zutaten verwendet, aber die besten sind die, die mit wenigen Zutaten auskommen – Avocados, Zwiebeln, Chillies, Limonensaft, Salz und Pfeffer.

Das bedeutet nicht, daß ein mit exotischen Zutaten zubereitetes Guacamole weniger gut ist. Avocados passen gut zu Blauschimmelkäse, Anchovis und einer Anzahl weiterer ungewöhnlicher Zutaten. Das Rezept für das Spülstein-Guacamole auf Seite 28, das mit Speck und Oliven zubereitet wird, ist hierfür ein gutes Beispiel. Verdecken Sie jedoch den wunderbaren Geschmack einer vollkommen reifen Avocado nicht mit unnötigen Zutaten.

Hier ein paar Tips, die Sie bei der Zubereitung von Guacamoles und Avocadosalsas beachten sollten:

▶ Ein Guacamole sollte klumpig sein. Die Avocados deshalb nicht mixen, sondern mit einer Gabel oder kurz mit einem Handmixer zerdrücken.

▶ Die Avocados immer erst kurz vor dem Servieren zugeben. Avocados werden schnell unappetitlich braun. Das Braunwerden des Avocadofleisches kann man verzögern, indem man Limonensaft zu den zu zerkleinernden Avocadostücken gibt. Entgegen einer weitverbreiteten Ansicht wird Guacamole, in das man Avocadosteine legt, trotzdem schnell braun.

▶ Kaufen Sie harte Avocados, wenn Sie Guacamole ein paar Tage später zubereiten möchten. Lassen Sie sie in einer Papiertüte oder auf einer Arbeitsfläche in Ihrer Küche reifen, ohne sie direktem Sonnenlicht auszusetzen. Ist der Geschmack der Avocados noch nicht ausgeprägt genug, geben Sie ein paar Tropfen Avocadoöl in das Guacamole.

ROHE SALSAS

Guacamole

Ergibt ca. 450 g

Dieses Guacamole ist zu Tortilla-Chips gedacht, paßt aber auch gut zu Fleisch und Tacos. Der ein wenig scharfe Nachgeschmack kommt vom Tabasco, aber solange die Samen der Jalapeño-Chillies nicht hinzugefügt werden, hält sich die Schärfe in Grenzen. Ich mag es, wenn das Guacamole von dicklicher, grober Konsistenz ist, deshalb benutze ich den Handmixer, um die Zutaten zu zerkleinern, und gebe am Schluß ein paar mit dem Messer geschnittene Avocadowürfel hinzu. Bei der Zubereitung die Avocados erst unmittelbar vor dem Servieren hinzufügen.

ZUTATEN

2 Avocados, geschält, entkernt und in Stücke geschnitten
2 Tomaten, gegrillt, enthäutet und kleingeschnitten
2 EL Zwiebel, feingehackt
2 Knoblauchzehen, feingehackt
2 Jalapeño-Chillies, feingehackt
1 EL Olivenöl
1 EL frischer Limonensaft
1 Spritzer Tabasco
Salz und Pfeffer zum Abschmecken

ZUBEREITUNG

▶ Den Strunk aus den Tomaten entfernen, halbieren und die Kerne herauspressen. Die Tomaten mit der Schnittseite nach unten auf ein feuerfestes Blech setzen und unter den Grill schieben. (Hinweis: Hat das Backblech keine Seitenränder, dieses mit Alufolie auslegen und verstärkte Ränder bilden, um den austretenden Saft aufzufangen.) Die Tomaten grillen, bis die Haut leicht Farbe genommen hat. Dann die Haut abziehen, den verbliebenen Saft ausdrücken und auskühlen lassen.

▶ Alle Zutaten, außer Salz und Pfeffer, mit ca. ¾ des Avocadofleisches mit einem Handmixer zusammenmischen. Das Guacamole sollte leicht klumpig sein. Die restlichen Avocadowürfel unterheben und mit Salz und Pfeffer abschmecken. Sofort servieren.

Von oben, im Uhrzeigersinn: Salsa Cruda I (Seite 18), Guacamole und Salsa mit gerösteten Jalapeño-Chillies.

Wie scharf sind sie?

Wie scharf sind diese Salsas? Die Antwort lautet: So scharf, wie Sie es möchten. Die Schärfe einer Salsa hängt nicht so sehr davon ab, wie viele Chillies verwendet, sondern inwieweit Samenkörner und Scheidewände der Chillies herausgenommen werden.

Das Kapsaizin der Chillies macht die Schärfe aus. Es befindet sich überwiegend in den Samenständen. Da die Samen an den Ständen sitzen, schmecken auch sie so scharf. Entfernt man alle Samenkörner und Scheidewände, schmecken die Chillies erstaunlich mild.

Machen Sie folgendes Experiment: Bereiten Sie eine der beiden nachstehenden Salsa Cruda zweimal zu. Entfernen Sie bei der ersten Zubereitung die Samenkörner und Scheidewände. Bei der zweiten Zubereitung geben Sie alle Samenkörner und Scheidewände in die Salsa. Vergleichen Sie die beiden Ergebnisse.

Nachdem Sie jetzt mit den Samenkörnern und Scheidewänden der Chillies experimentiert haben und wissen, welcher Schärfegrad Ihnen am liebsten ist, können Sie alle Salsarezepte dieses Buches auf Ihren Geschmack abstimmen.

Was aber kann man tun, wenn eine Salsa zu scharf geworden ist?
▶ Mit Olivenöl und pürierten Tomaten kann man den Schärfegrad einer Salsa ein wenig senken.
▶ Ist eine Salsa ungenießbar scharf geworden, bereiten Sie die gleiche Menge noch einmal zu, lassen aber diesmal die Chillies weg. Dann die erste unter die zweite Zubereitung heben.
▶ Milchprodukte wie Sauerrahm können der zu scharfen Salsa beigemengt werden: Dies mildert ebenfalls die Schärfe. Natürlich ist das auf diese Art erhaltene Ergebnis ein Kompromiß, aber durchaus annehmbar.

Salsa Cruda I

Ergibt ca. 250 g

Diese Sauce ist eine auf Tomaten basierende Salsa, wird aus gegrillten Tomaten hergestellt (Bild Seite 17) und paßt gut zu Tortilla-Chips oder zu Eierspeisen und Tostadas.

Sie ist eher angenehm würzig als scharf, kann aber auch schärfer zubereitet werden, wenn nicht alle Samenkörner und Scheidewände der Jalapeño-Chillies entfernt werden. Sie kann mehrere Stunden im voraus zubereitet werden.

Zutaten

3 große Tomaten, entkernt und ohne Strunk
75 g Zwiebeln, feingehackt
2 Knoblauchzehen, feingehackt
2 Jalapeño-Chillies, entkernt und feingehackt
3 EL Korianderkraut, feingehackt
1 EL Olivenöl
1 EL frischer Limonensaft
Salz zum Abschmecken

Zubereitung

▶ Den Strunk aus den Tomaten schneiden, die Tomaten halbieren und die Kerne herauspressen. Die Tomaten mit der Schnittstelle nach unten auf ein feuerfestes Backblech legen und unter den Grill schieben. (Hinweis: Hat das Backblech keine Seitenränder, dieses mit Alufolie auslegen und verstärkte Ränder bilden, um den austretenden Saft aufzufangen.) Die Tomaten grillen, bis die Haut leicht Farbe angenommen hat. Dann die Haut abziehen, den verbliebenen Saft ausdrücken und auskühlen lassen.

▶ Während die Tomaten auskühlen, die restlichen Zutaten miteinander vermengen. Dann die Tomaten klein schneiden und zu dem Dip geben. 15 Minuten durchziehen lassen und abschmecken.

Salsa Cruda II

Ergibt ca. 200 g

Diese Sauce hat einen geringeren Anteil an Tomaten als die beiden anderen Salsa Cruda und wird mit den schärferen Serrano-Chillies zubereitet. Eine Sauce für alle Gelegenheiten, die gut zu Tortilla-Chips, Tacos und Tostadas paßt, aber auch zu Fleisch und Fisch oder mit Reis vermischt.

Zutaten

4 mittelgroße Tomaten, entkernt und halbiert
75 g Zwiebeln, feingehackt
5 Serrano-Chillies, nach Belieben teilweise entkernt und feingehackt
2 Knoblauchzehen, feingehackt
3 EL Korianderkraut, feingehackt
2 EL frischer Limonensaft
1 EL Olivenöl
¼–½ TL Salz

Zubereitung

▶ Die Tomaten halbieren und die Kerne herauspressen. Die Tomaten mit der Schnittstelle nach unten auf ein feuerfestes Backblech legen und unter den Grill schieben, bis sie teilweise Farbe genommen haben und die Haut sich zu lösen beginnt. Beiseite nehmen und in einem Sieb abtropfen lassen. Anschließend die Haut abziehen. Kurz in einem Küchenmixer zerkleinern, aber nicht pürieren.

▶ Die restlichen Zutaten miteinander vermengen und dann die Tomaten zugeben. 30 Minuten durchziehen lassen, dann probieren und abschmecken.

ROHE SALSAS

Salsa Cruda III

*Von oben, im Uhrzeigersinn: Salsa Cruda III, Gurkensalsa (Seite 20)
und Rote-Paprika-Salsa (Seite 20).*

Ergibt ca. 575 g

Bei diesem Rezept werden die Tomaten nicht gegrillt. Der Dip wird dadurch dicklicher und grober. Er paßt gut zu Tortilla-Chips, Eierspeisen und Tostadas, zu Suppen und Gemüsegerichten. Er ist mittelscharf, kann aber durch Zugabe von mehr Samen der Jalapeño-Chillies schärfer gemacht werden.

ZUTATEN

4 große Tomaten, entkernt und kleingeschnitten
75 g Gemüsepaprika, feingeschnitten
50 g rote Zwiebeln, feingehackt
40 g Frühlingszwiebeln, feingeschnitten
3 Jalapeño-Chillies, entkernt und feingehackt
3 EL frisches Korianderkraut, gehackt
2 Knoblauchzehen, feingehackt
1 EL frischer Limonensaft
Salz und Pfeffer zum Abschmecken

ZUBEREITUNG

▶ Die Zutaten miteinander vermengen und ca. 15 Minuten durchziehen lassen. Dann probieren und mit Salz und Pfeffer abschmecken. Um die Sauce flüssiger zu machen, mehr Limonensaft, Olivenöl oder ein anderes Pflanzenöl zugeben.

Rote-Paprika-Salsa

Ergibt ca. 250 g

Geröstete rote Paprikaschoten sind der Hauptbestandteil dieser vielseitigen Salsa (Bild Seite 19), die einen unerwartet süßlichen Geschmack hat. Sie paßt sehr gut zu Fleisch, Fisch, mit den Eiern für ein Omelett verquirlt, zu Nudelgerichten oder gedämpftem Gemüse und als Aufstrich zu Brötchen. Um unterschiedliche Farbtöne zu erhalten, können auch einige gelbe, orangefarbene oder violette Paprikaschoten anstelle der roten vewendet werden.

ZUTATEN

4 Paprikaschoten
2 x 1 cm dicke Zwiebelscheiben, geschält
3 Knoblauchzehen, ungeschält
2 Serrano-Chillies, feingehackt und teilweise entkernt
2 EL Olivenöl
1 EL frisches Basilikum, feingeschnitten oder
1 TL getrocknetes Basilikum
1 TL Limonenschale, gerieben
2 EL Rotweinessig
¼ TL Salz

ZUBEREITUNG

▶ Die Paprikaschoten der Länge nach in 4-5 flache Stücke schneiden und mit den Zwiebelscheiben und den Knoblauchzehen mit der Hautseite nach oben unter den Grill schieben. Öfter nach dem Knoblauch sehen, da er leicht verbrennt und bitter wird. Die Zwiebelscheiben einmal wenden und leicht Farbe annehmen lassen. Die Haut der Paprikaschoten sollte Blasen werfen und stellenweise verkohlt sein. Darauf achten, daß das Fruchtfleisch nicht verbrennt.

▶ Die Paprikaschoten haben wahrscheinlich ungleichmäßig Farbe angenommen. Beiseite nehmen und für 10 Minuten in einen Plastikbeutel oder verschließbaren Behälter geben. Der austretende Dampf löst die Haut, so daß sich diese leicht abziehen läßt.

▶ Die Haut abziehen. Da der Länge nach geschnittene Paprikaschoten leicht faserig werden, die Paprikaschoten nach dem Rösten der Breite nach in Stücke schneiden. Die Knoblauchzehen schälen und verkohlte Stellen herausschneiden. Die Zwiebelscheiben vierteln. Paprikastücke, Knoblauchzehen und Zwiebelstücke mit den restlichen Zutaten in den Mixer geben und schubweise zerkleinern. Der Dip sollte nicht zu fein püriert sein. Probieren und abschmecken.

Gurkensalsa

Ergibt ca. 450 g

Radieschen und Salatgurken verwandeln diesen Dip in eine Salsa von grober Konsistenz, die gut zu Suppen und Pozole (Seite 81) paßt oder als Dressing zu Sandwiches. Mit drei Jalapeño-Chillies wird dieser Dip mäßig scharf (Bild Seite 19).

ZUTATEN

1 kleine oder ½ große Salatgurke, geschält, entkernt und kleingeschnitten
2 große Tomaten, gegrillt (Seite 17) und kleingeschnitten
3 Jalapeño-Chillies, entkernt und feingehackt
2-3 Radieschen, feingeschnitten
1 Frühlingszwiebel, feingeschnitten
etwas frisches Korianderkraut, gehackt
2-3 EL frischer Limonensaft
2-3 EL Pflanzenöl
Salz zum Abschmecken

ZUBEREITUNG

▶ Alle Zutaten, bis auf das Salz, miteinander vermengen. 15 Minuten durchziehen lassen, dann mit Salz abschmecken, die Konsistenz nach Belieben mit Limonensaft oder Öl verändern.

Zuckermaissalsa

Ergibt ca. 350 g

Der Mais und die Paprikaschoten machen diesen Dip zu einer farbenfrohen und knackigen Angelegenheit. Durch die Jalapeño-Chillies wird er angenehm scharf. Gibt man ein paar der Samenkörner und Scheidewände der Chillies zu, wird er gut scharf. Diese Sauce paßt gut zu gegrillten Meeresfrüchten oder zu einer Suppe. Sie bildet die Basis für den Salat mit Avocados und die Zuckermaissalsa (Seite 70). Verwenden Sie frischen Zuckermais, wenn irgend möglich. Zuckermais aus der Dose tut's zur Not auch.

ZUTATEN

175 g Süßmaiskörner
3 EL rote Paprikaschoten, feingeschnitten
3 EL Paprikaschoten, feingeschnitten
2 Jalapeño-Chillies, entkernt und feingehackt
25 g Zwiebeln, feingehackt
1 große Tomate, entkernt und feingeschnitten
1 EL frisches Korianderkraut, feingehackt
2 EL Olivenöl
2 EL frischer Limonensaft
¼ TL Cumin, gemahlen
¼ TL Salz
1 Msp. schwarzer Pfeffer

ZUBEREITUNG

▶ Frische Maiskörner in einem kleinen Topf mit wenig Wasser ca. 7 Minuten kochen. In einem Sieb abtropfen und auskühlen lassen. Währenddessen die restlichen Zutaten miteinander vermengen und dann den Mais zugeben. 15 Minuten durchziehen lassen. Probieren und abschmecken.

Zucchinisalsa

Ergibt ca. 350 g

Bei diesem würzigen, grünen Dip sticht der Geschmack des Korianderkrauts hervor. Er paßt gut zu gegrilltem Fleisch. Werden die Samenkörner und Scheidewände nicht entfernt, wird diese Salsa recht scharf. Sie sollte nicht mehr als einen Tag im voraus zubereitet werden.

ZUTATEN

250 g rohe Zucchini, in feine Stifte gehobelt
50 g Zwiebeln, feingehackt
1 Jalapeño-Chili, feingehackt
20 g frisches Korianderkraut, gehackt
1 EL Olivenöl
1 EL Reisessig oder Weißweinessig
¼ TL Salz
1 TL Zucker

ZUBEREITUNG

▶ Alle Zutaten miteinander vermengen. 15 Minuten durchziehen lassen. Probieren und abschmecken.

Avocadosalsa

Ergibt ca. 450 g

Der Unterschied zwischen Avocadosalsa und Guacamole besteht darin, daß bei diesem Dip die Avocados eher geschnitten als zerdrückt werden. Es ist eine dickliche, grobe Salsa, ein wenig unschön, paßt aber sehr gut zu Tortilla-Chips, gegrilltem Huhn oder Rindfleisch. Verwenden Sie nur völlig reife bis etwas überreife Avocados. Der Dip kann auch im voraus zubereitet werden, nur sollte das Avocadofleisch dann erst unmittelbar vor dem Servieren beigegeben werden.

Zutaten

2 große, reife Avocados, entkernt und in kleine Würfel geschnitten
3 EL frischer Limonensaft
1EL Olivenöl
75 g rote Zwiebeln, feingehackt
40 g rote Paprika, feingeschnitten
3 Jalapeño-Chillies, teilweise entkernt und feingehackt
175 g Tomaten entkernt und feingeschnitten (entspricht 1 großen Fleischtomate)
1 EL frisches Korianderkraut, gehackt
2 Knoblauchzehen, feingehackt
Salz und Pfeffer zum Abschmecken

Zubereitung

▶ Die Avocadowürfel mit dem Limonensaft und dem Olivenöl vermengen, dann die restlichen Zutaten zugeben. Probieren und abschmecken.

Olivensalsa

Ergibt ca. 575 g

Hier ein ungewöhnlicher Dip, der der Glanzpunkt einer leichten Mahlzeit sein kann, aber auch gut zu Salaten, zu Nudelgerichten oder als Aufstrich zu einer Baguette paßt. Viele unterschiedliche Geschmacksrichtungen treten auf, wodurch die Schärfe der Jalapeño-Chillies, wenn die Samenkörner und Scheidewände vorher entfernt werden, nicht in den Vordergrund tritt. Sollten Sie keine Anchovis mögen, lassen Sie sie einfach weg.

Zutaten

200 g grüne Oliven, entkernt
75 g schwarze Oliven, entkernt
3 Knoblauchzehen, feingehackt
2 Jalapeño-Chillies, größtenteils entkernt, feingehackt
50 g rote Zwiebeln, feingehackt
50 g rote Paprikaschoten, feingeschnitten
50 g Anchovisfilets, feingehackt
40 g Pinienkerne, leicht geröstet und gehackt
2 EL Olivenöl
1 EL Rotweinessig

Zubereitung

▶ Die Oliven grob hacken, mit den restlichen Zutaten vermengen. 30 Minuten durchziehen lassen und servieren.

▶ Für das Rösten der Pinienkerne den Ofen auf 150 °C vorheizen. Die Kerne auf einem kleinen Backblech verteilen. 5–10 Minuten rösten, bis sie leicht braun werden. Öfter nachsehen, da sie sehr schnell schwarz werden.

Avocadosalsa **(oben)** *und Olivensalsa* **(unten)**.

Tomaten-Minze-Salsa

Ergibt ca. 250 g

Die Minze gibt dieser schmackhaften Salsa eine ungewöhnliche Geschmacksnote. Sie harmoniert gut mit Fisch, besonders mit gegrilltem, und Fleisch.

ZUTATEN

4 große Tomaten, ohne Stiel, halbiert und entkernt
2 Knoblauchzehen, feingehackt
1 EL Olivenöl
1 EL frischer Limonensaft
2 Jalapeño-Chillies, größtenteils entkernt, feingehackt
15 g frische Minze, gehackt
¼ TL Salz
1 Msp. Pfeffer

ZUBEREITUNG

▶ Die Tomaten halbieren, Kerne herausdrücken, unter den Grill schieben und die Hautseite der Hitzequelle zuwenden. Gut Farbe nehmen lassen, bis sich die Haut löst. Beiseite nehmen, auskühlen lassen, die Haut abziehen und den verbliebenen Saft samt Kernen herausdrücken. Die Tomaten klein schneiden und mit dem Knoblauch, dem Olivenöl und dem Limonensaft in den Mixer geben. Die Chillies und die Minze zugeben. Schubweise kurz mixen. Mit Salz und Pfeffer abschmecken.

NÜTZLICHE TIPS

Hier ein paar Zutaten, mit denen man Tomatensalsas aufpeppen kann.

▶ 50 g feingeschnittene schwarze Oliven

▶ 50 g feingeschnittene Jicamaknollen

▶ 175 ml Sauerrahm

▶ 3 EL Bier

▶ ein Schuß Tequilla

Tomatillo-Habanero-Salsa

Ergibt ca. 300 g

Das Rösten der Tomatillos (kleine, grüne tomatenähnliche Früchte) und der Zwiebeln gibt dieser Salsa einen besonderen Geschmack. Er könnte aber durch die Habanero-Chillies, eine der schärfsten Chilisorten, die es gibt, überlagert werden. Frische Habaneros sind schwierig zu erstehen, können aber durch sechs nicht entkernte Jalapeño- oder Serrano-Chillies ersetzt werden. Diese Salsa paßt gut zu Tortilla-Chips, gegrilltem Fleisch oder zu Huevos Rancheros (Seite 127).

ZUTATEN

8 Tomatillos, geschält und gewaschen
1 kleine Zwiebel, geschält und in dicke Scheiben geschnitten
4 Knoblauchzehen, ungeschält
3 frische Habanero-Chillies mit Samenkörnern und Scheidewänden
15 g frisches Korianderkraut, gehackt
1 EL frischer Limonensaft
1 EL Olivenöl
¼ TL Salz

ZUBEREITUNG

▶ Die Tomatillos halbieren und zusammen mit den Zwiebeln und dem Knoblauch über einem Grill rösten. Als Alternative Tomatillos unter den Grill eines Ofens schieben oder in einer ungefetteten, gußeisernen Bratpfanne rösten. Die Tomatillos und die Zwiebeln Farbe annehmen lassen; der Knoblauch sollte weich sein. Den Knoblauch leicht auskühlen lassen, schälen und die dunklen Stellen herausschneiden (sie sind zu bitter).

▶ Tomatillos, Zwiebeln und Knoblauch zusammen mit den restlichen Zutaten in den Küchenmixer geben und schubweise kurz mixen. Die Konsistenz sollte grob und dicklich sein. Ist die Salsa zu trocken, etwas Limonensaft, Olivenöl oder Wasser zugeben.

ROHE SALSAS

Scharfe Kräutersalsa

Ergibt ca. 250 g

In diese Salsa, die italienischen Tomatensaucen ähnelt, werden frische Kräuter gegeben. Sie ist grob und dicklich und harmoniert mit Fleisch, Nudelgerichten und Salatkreationen.

ZUTATEN

15 g frisches Basilikum, feingeschnitten
1 ½ TL frischer Oregano, gehackt
½ TL frischer Rosmarin, gehackt
5 Knoblauchzehen, feingehackt
2 EL Olivenöl
4 große Tomaten, entkernt und kleingeschnitten
75 g Zwiebeln, feingehackt
2 Jalapeño-Chillies
2 EL Rotweinessig
¼ TL Salz

ZUBEREITUNG

▶ Wenn Sie die Salsa im voraus zubereiten können, mischen Sie die Kräuter mit dem Olivenöl und lassen das Gemüse mindestens eine Stunde durchziehen. Dann die restlichen Zutaten auf einmal zugeben. Andernfalls alle Zutaten auf einmal vermengen und mindestens 30 Minuten stehen lassen. Probieren und abschmecken.

Kaktussalsa

Ergibt ca. 450 g

In Mexiko und im Südwesten der Vereinigten Staaten werden breite, flache Stücke des Feigenkaktus geputzt, gekocht und als Bestandteil zahlreicher Gerichte gegessen. Eingemachte Nopales können im Fachhandel für mexikanische Spezialitäten bezogen werden. Die Schärfe der Jalapeño-Chillies bildet bei dieser Salsa einen Kontrapunkt zu den mild schmeckenden Nopales. Sie paßt gut zu Tortilla-Chips oder kann mit Rühreiern verquirlt werden.

ZUTATEN

4 große Tomaten, halbiert und entkernt
300 g Nopales, gekocht und feingeschnitten
25 g Frühlingszwiebeln, feingeschnitten
50 g weiße Zwiebeln, feingehackt
3 Jalapeño-Chillies, mit Samenkörnern und Scheidewänden, feingehackt
3 EL frisches Korianderkraut, gehackt
1 EL Rotweinessig
1 EL frischer Limonensaft
1 EL Olivenöl
Salz und Pfeffer zum Abschmecken

ZUBEREITUNG

▶ Die Tomaten halbieren, die Kerne ausdrücken und unter dem Grill oder über einem Grillfeuer mit der Haut der Hitzequelle zuwenden. Farbe annehmen lassen, bis sich die Haut löst. Dann leicht abkühlen lassen, die Haut abziehen und den verbliebenen Saft samt Kernen herauspressen. Klein schneiden und mit den restlichen Zutaten schubweise kurz mixen. 30 Minuten durchziehen lassen, dann probieren und abschmecken.

Chilipflanzen auf den Feldern von New Mexico.

Barbecue-Salsa

Ergibt ca. 350 g

Die meisten Zutaten dieser Salsa werden über einem Grill geröstet, was den besonderen Räuchergeschmack ausmacht. Durch die Poblano-Chillies wird die Salsa leicht bis mäßig scharf. Ein Grillblech ist bei dieser Zubereitung unabdingbar, denn sonst würde ein Teil der Zutaten ins Feuer fallen. Haben Sie keine Gelegenheit, einen Grill aufzustellen, geben Sie die Zutaten auf ein Backblech und schieben dieses unter den Grill Ihres Ofens. Die Hautseite der einzelnen Zutaten immer der Hitzequelle zuwenden.

Zutaten

5 große Tomaten, halbiert und entkernt
1 kleine weiße Zwiebel, geschält und in dicke Scheiben geschnitten
3 Poblano-Chillies, der Länge nach in Viertel geschnitten
4 Knoblauchzehen, ungeschält
1 EL frischer Limonensaft
Salz und Pfeffer zum Abschmecken

Zubereitung

▶ Die Tomaten halbieren und zusammen mit den Chillies mit der Hautseite auf das Grillblech legen. Die Zwiebelscheiben und den Knoblauch ebenfalls auf das Blech geben. Wenn die Flammen des Grillfeuers zurückgegangen sind, das Blech direkt auf den glühenden Kohlen plazieren.

▶ Den Knoblauch öfter wenden und vom Feuer nehmen, wenn die Zehen weich sind. Darauf achten, daß der Knoblauch nicht verkohlt, er schmeckt sonst zu bitter. Etwas abkühlen lassen und schälen.

▶ Die Haut der Chillies sollte Blasen bilden und gut Farbe annehmen. Darauf achten, daß das Fruchtfleisch nicht verkohlt. Die Chillies bräunen in der Regel ungleichmäßig. Sobald die Chillies fertig sind, in einen verschließbaren Behälter geben und 10 Minuten ausdampfen lassen.

▶ Die Zwiebelscheiben einmal wenden und dabei leicht Farbe annehmen lassen. Darauf achten, daß sie nicht verkohlen.

▶ Die Tomaten bräunen, bis die Haut Farbe nimmt und sich löst. Auch das Fruchtfleisch leicht Farbe annehmen lassen. Die Tomaten dann in ein Sieb geben und abtropfen lassen.

▶ Die Haut der Chillies größtenteils abziehen oder abkratzen. Da die Haut der Poblano-Chillies leicht faserig wird, die Chillies in mehrere kurze Stücke schneiden.

▶ Chillies, Knoblauch, Zwiebelscheiben, Tomaten, Limonensaft, etwas Salz und Pfeffer in den Küchenmixer geben und zerkleinern. Darauf achten, daß die Sauce nicht zu glatt wird. Probieren und abschmecken.

Schwarze-Bohnen-Salsa

Ergibt ca. 350 g

Diese würzige Salsa ist reich an verschiedenen Geschmacksrichtungen und harmoniert sehr gut mit Fisch, Fleisch und Eiern. Mit schwarzen Bohnen aus der Dose läßt sich dieser Dip schnell zubereiten. Trockene Bohnenkerne werden eingeweicht und dann gekocht. Weiße Bohnen eignen sich ebenso für diese Salsa.

Zutaten

450 g Dose schwarze oder weiße Bohnen, unter kaltem Wasser gespült und abgetropft
50 g rote Paprikaschoten, feingeschnitten
3 Frühlingszwiebeln, feingeschnitten
2 Chipotle-Chillies, feingehackt
3 EL frischer Koriander, gehackt
1 ¼ TL frischer Oregano, gehackt, oder
¼ TL getrockneter Oregano
1 EL Olivenöl
2 EL frischer Limonensaft
Salz zum Abschmecken

Zubereitung

▶ Die Zutaten miteinander vermengen und 30 Minuten durchziehen lassen. Probieren und abschmecken.

*Barbecue-Salsa (**oben**) und Schwarze-Bohnen-Salsa (**unten**).*

Koriander-Chili-Pesto

Ergibt ca. 250 g

Für dieses würzige Pesto werden traditionelle Salsazutaten verwendet, obgleich die Konsistenz anders ist. Es ist einfach zuzubereiten und sehr schmackhaft. Es paßt gut zu Nudelgerichten, gedämpftem Gemüse und Fleisch.

Zutaten

75 g frisches Korianderkraut
5 Knoblauchzehen, geschält
1 Jalapeño-Chili
2 Poblano-Chillies, gegrillt (Seite 12) und geschält
½ rote Zwiebel
6 EL Olivenöl
50 g Walnüsse
½ TL Salz

Zubereitung

▶ Die Zutaten in einen Küchenmixer geben und zu einer annähernd glatten Sauce mixen.

Spülstein-Guacamole

Ergibt ca. 575 g

Dieses Guacamole ist der Alptraum eines jeden Puristen. Trotzdem: Es schmeckt großartig.

Zutaten

3 große Avocados, grob zerdrückt (aber nicht püriert)
2 Tomaten, entkernt und kleingeschnitten
40 g Zwiebeln, feingehackt
2 Jalapeño-Chillies, teilweise entkernt und feingehackt
2 EL frischer Limonensaft
6 Scheiben Speck, blanchiert und in kleine Würfel geschnitten
40 g schwarze Oliven, entkernt und kleingeschnitten
Salz und Pfeffer zum Abschmecken

Zubereitung

▶ Die Zutaten miteinander vermengen, dann probieren und abschmecken. Sogleich servieren.

Radieschensalsa

Ergibt ca. 350 g

Servieren Sie diese scharfe Salsa als Dip zu gegrilltem Fleisch, besonders zu Schwein.

Zutaten

40 g rote Zwiebeln, feingehackt
1 ½ El getrocknete Chillies, zerstoßen
4 EL Weißweinessig
225 g Radieschen, dünn gehobelt (ca. 2 Bund)
3 EL frisches Korianderkraut, gehackt
1 EL Olivenöl
1 Msp. Salz

Zubereitung

▶ Zwiebeln, Chillies und Essig miteinander vermengen und mindestens 1 Stunde einweichen. Die restlichen Zutaten zugeben, probieren und abschmecken.

Salsa aus geröstetem Zuckermais

Ergibt ca. 575 g

Da einige der Zutaten dieser Salsa gegrillt werden, sticht hier der Räuchergeschmack angenehm heraus, und im Gegensatz zu der vorangegangenen Süßmaissalsa hat diese Salsa eine ganz andere Konsistenz. Eine verfeinerte Salsa, die gut zu gegrilltem Huhn und Fleisch paßt und darüber hinaus die Basis für eine Krabbensuppe (Seite 78) bildet. Ohne die Jalapeño-Chillies ist sie mäßig scharf.

ZUTATEN

4 große Maiskolben im Hüllblatt
3 große Tomaten
1 Poblano-Chili
2 Knoblauchzehen, ungeschält
½ rote Paprikaschote
50 g Frühlingszwiebeln, feingeschnitten
2 Jalapeño-Chillies, entkernt und feingehackt
2 EL frisches Korianderkraut, gehackt
1 TL frischer Oregano, gehackt, oder
¼ TL getrockneter Oregano
3 EL Olivenöl
Salz und Pfeffer zum Abschmecken

ZUBEREITUNG

▶ Die Blätter der Maiskolben vorsichtig nach hinten schälen und die feinsten Blätter entfernen. Dann die verbliebenen Blätter wieder vorklappen und, wenn nötig, mit einer Schnur an der Spitze zusammenbinden. Die Maiskolben 30 Minuten in Wasser einweichen, abtropfen lassen und bei 200 °C in den Ofen schieben und 20 Minuten rösten. Dann auskühlen lassen.

▶ Den Strunk aus den Tomaten schneiden, halbieren und die Kerne herausdrücken. Mit der Schnittstelle nach unten auf ein Backblech legen.

▶ Die Poblano-Chillies der Länge nach vierteln, Stiel, Samenkörner und Scheidewände entfernen. Die Hälfte der Paprikaschote der Länge nach halbieren und zusammen mit den Chillies mit der Hautseite nach oben auf das Backblech legen. Sollten die Chili- und die Paprikastücke nicht ausreichend flach auf dem Blech aufliegen, in noch kleinere Stücke schneiden, damit die Haut gleichmäßig Farbe annehmen kann. Die ungeschälten Knoblauchzehen ebenfalls auf das Blech legen. Die Zutaten haben unterschiedliche Garzeiten, deshalb öfter nachsehen.

▶ Die Haut der Tomaten sollte gut Farbe nehmen und sich lösen. Die Haut der Poblano-Chillies und der roten Paprika sollte beinahe ganz schwarz sein, die Knoblauchzehen lediglich weich. Die Zutaten nach und nach aus dem Ofen nehmen. Die Chillies und die Paprikastücke in einen Plastikbeutel geben, verschließen und 10 Minuten ausdampfen lassen. Dann herausnehmen und die dunklen Stellen der Haut entfernen. Dabei ein paar dunkle Stellen am Fruchtfleisch lassen, das erhöht den Räuchergeschmack. Den überschüssigen Saft der Tomaten abtropfen lassen und die Knoblauchzehen schälen. Die Tomaten, Chillies, Paprikastücke und den Knoblauch hacken und in eine mittelgroße Schüssel geben.

▶ Die Blätter von den Maiskolben entfernen und die Kolben über glühenden Kohlen oder unter dem Grill Ihres Ofens grillen. Häufig wenden, damit sie auf allen Seiten Farbe annehmen. Die Maiskolben nicht vollständig bräunen.

▶ Die Maiskolben vom Grill nehmen und abkühlen lassen, bis sie weiterverarbeitet werden können. Mit einem scharfen Messer die Körner von den Kolben streifen und zu den anderen Zutaten geben. Frühlingszwiebel, Jalapeño-Chillies, Korianderkraut, Oregano, Olivenöl, Salz und Pfeffer zugeben. Probieren und abschmecken.

Bei diesen roten und grünen Chillies läßt sich beobachten, wie die anfänglich grünen Chillies reifen und rot werden.

Gekochte Salsas

*Grundzubereitung für
gekochte Salsas
Grüne Chilisauce
Rote Chilisauce
Chipotle-Salsa
Salsa verde
Knoblauchsalsa
Schwarze-Bohnen-Zuckermais-Salsa
Feurige Habanero-Salsa*

*Wintersalsa I
Wintersalsa II
Wintersalsa III*

GEKOCHTE SALSAS

Grundzubereitung für gekochte Salsas

Ergibt ca. 500 g

Dieses Grundrezept paßt gut zu Tortilla-Chips oder als Sauce zu Eierspeisen und mexikanischen Gerichten. Mit ein paar Jalapeño-Chillies wird diese Salsa gut scharf. Man kann ungeschälte Tomaten verwenden, möchte man aber geschälte Tomaten zugeben, diese 30 Sekunden in kochendes Wasser geben und anschließend in eiskaltem Wasser abschrecken. Die Haut läßt sich dann leicht abziehen.

ZUTATEN

450 g Tomaten, entkernt und kleingeschnitten
2 Knoblauchzehen, feingehackt
75 g Zwiebeln, feingehackt
4 Jalapeño-Chillies, teilweise entkernt und gehackt
1 EL Apfelessig
1 TL frischer Oregano, gehackt, oder
¼ TL getrockneter Oregano
Salz zum Abschmecken

ZUBEREITUNG

▶ In einem mittelgroßen Kochtopf Tomaten, Knoblauch und Zwiebeln unbedeckt 10–15 Minuten köcheln lassen, damit die überschüssige Flüssigkeit der Tomaten verdampft. Jalapeño-Chillies, Essig und Oregano zugeben und weitere 5 Minuten köcheln lassen. Probieren und mit Salz abschmecken.

Grüne Chilisauce

Ergibt ca. 500 g

Diese vorzügliche Sauce wird traditionell mit grünen New-Mexico-Chillies zubereitet. Da aber frische New-Mexico-Chillies nur selten zu haben sind, kann man sie durch mildere Anaheim-Chillies und ein paar Jalapeño oder Serrano-Chillies ersetzen. Diese Sauce ist Hauptbestandteil von Enchiladas, paßt aber auch gut zu Tortilla-Chips, Tacos und vielen anderen Gerichten.

ZUTATEN

6 grüne New-Mexico-Chillies (oder 6 Anaheim-Chillies plus 3–4 Jalapeño- oder Serrano-Chillies)
3 Knoblauchzehen
4 Tomatillos, geschält und halbiert
2 in 1 ½ cm Dicke geschnittene weiße Zwiebeln, geschält
¼ TL Salz
250 ml Wasser oder Geflügelfond

ZUBEREITUNG

▶ Chillies, Knoblauch, Tomatillos und Zwiebeln rösten (wie auf Seite 26 unter Barbecue-Salsa beschrieben). Die Haut der Chillies und die Samen entfernen und der Breite nach in Streifen schneiden. Den Knoblauch schälen. Die Tomatillos und die Zwiebelstücke grob zerkleinern. Chillies, Knoblauch, Tomatillos und Zwiebeln mit dem Salz und 6 EL Wasser oder Geflügelbrühe pürieren. Das Püree in einen Topf mit dem restlichen Wasser oder Brühe geben und köcheln lassen, bis die gewünschte Konsistenz erreicht ist. Probieren und abschmecken.

Die warme Farbe der roten Chillies verleiht Saucen ein appetitliches Aussehen.

Rote Chilisauce

Ergibt ca. 500 g

Diese scharfe Chilisauce wird sehr häufig für die Zubereitung von Enchiladas verwendet, paßt aber auch sehr gut zu Fleisch und Bohnen oder als Sauce zu Tacos, Eierspeisen oder anderen Gerichten. Möchte man die Sauce weniger scharf machen, ersetzt man die getrockneten California-Chillies durch einige New-Mexico-Chillies, oder man variiert mit einer Zusammensetzung aus New-Mexico-, California-, Ancho oder anderen getrockneten Chillies.

Zutaten

12 getrocknete New-Mexico-Chillies
600 ml Rinderbrühe
4 Knoblauchzehen, gehackt
75 g Zwiebeln, feingehackt
½ TL Oregano, getrocknet
¼ TL Salz

Zubereitung

▶ Den Ofen auf 120 °C vorheizen. Die Chillies auf ein ungefettetes Backblech legen und 6–8 Minuten in den Ofen geben, bis sie spröde werden. Nicht schwarz werden lassen, denn sonst werden sie bitter. Die Chillies herausnehmen und abkühlen lassen, bis sie weiterverarbeitet werden können. Die Samenkörner und Scheidewände nach Belieben entfernen.

▶ 1 Liter Wasser in einem mittelgroßen Topf zum Kochen bringen. Die Chillies grob hacken und 20–30 Minuten im Wasser köcheln lassen. Dann das Wasser abgießen und die Chillies in einem Sieb auffangen. Die Chillies mit 6 Eßlöffeln Rinderbrühe in den Küchenmixer geben und pürieren. Durch ein Sieb passieren und die im Sieb verbliebene Haut erneut mit 6 Eßlöffeln Rinderbrühe pürieren. Wieder passieren.

▶ Die restlichen Zutaten in die passierte Sauce geben und erneut pürieren. Die Sauce erhitzen und köcheln lassen, bis die gewünschte Konsistenz erreicht ist.

Von oben, im Uhrzeigersinn: Grundzubereitung für gekochte Salsas, grüne Chilisauce und rote Chilisauce.

GEKOCHTE SALSA

Chipotle-Salsa

Ergibt ca. 500 g

Der rauchige Geschmack dieser scharfen Salsa kommt von den getrockneten Chipotles-Chillies. Sie harmoniert sehr gut mit Huevos Rancheros (Seite 127), Tacos, Fleisch und Tortilla-Chips.

ZUTATEN

4 getrocknete Chipotle-Chillies
450 g Tomaten, entkernt und kleingeschnitten
75 g Zwiebeln, feingehackt
75 g Paprikaschoten, feingeschnitten
Salz zum Abschmecken

ZUBEREITUNG

▶ Die Samenkörner und Scheidewände der Chipotle-Chillies entfernen, die Chillies in einen hitzebeständigen Behälter geben und 150 ml kochendes Wasser darübergießen. Ca. 30 Minuten einweichen, bis sie sich biegen lassen. Sind sie sehr trocken und spröde, die Chillies im Wasser köcheln lassen. Die Stiele entfernen und die Chillies mit dem Einweichwasser im Mixer pürieren.

▶ Das Chilipüree in einen kleinen Topf geben und mit den restlichen Zutaten 15–20 Minuten leicht kochen lassen, bis alle überschüssige Flüssigkeit verdampft ist. Für eine besonders glatte Sauce die Salsa noch einmal mixen.

Hinweis: Man kann auch in Adobosauce eingelegte Chipotle-Chillies verwenden. Die Lake in heißes Wasser geben. Die Chillies grob hacken, dann in die Salsa geben und nach dem Einkochen pürieren. Ohne die Lake läßt sich die Salsa schneller einkochen.

GEKOCHTE SALSAS

Salsa verde

Ergibt ca. 350 g

Frische Tomatillos geben der Salsa verde die grüne Farbe. Am besten schmeckt sie, wenn sie sehr scharf ist. Verwenden Sie darum auch die Samenkörner und Scheidewände der Chillies. Servieren Sie die Salsa verde wie eine auf Tomaten basierende Salsa.

ZUTATEN

450 g Tomatillos (ca. 20 Früchte), geschält und gewaschen
2 Jalapeño-Chillies mit Samen, feingehackt
1 Knoblauchzehe, feingehackt
1 mittelgroße Zwiebel, feingehackt
15 g frisches Korianderkraut, gehackt
1 EL frischer Limonensaft
½ TL Salz
1-2 EL Pflanzenöl
1-2 EL Zucker nach Belieben

ZUBEREITUNG

▶ Die Tomatillos in kochendes Wasser geben und 10 Minuten garen. Abtropfen lassen und in den Küchenmixer geben. Schubweise mixen, bis sie kleingeschnitten sind.

▶ Die restlichen Zutaten, bis auf das Öl und den Zucker, zugeben und mixen. Das Öl in einer Bratpfanne erhitzen, die Salsa zugeben und dann ca. 10 Minuten kochen, bis die überschüssige Flüssigkeit verdampft ist. Probieren und Zucker zugeben, wenn die Salsa wegen der Tomatillos zu herb schmecken sollte.

Knoblauchsalsa

Ergibt ca. 200 g

Diese scharfe Sauce läßt sich wie eine auf Tomaten basierende Salsa verwenden: zu Tortilla-Chips, Eierspeisen, Tacos und Fleisch.

ZUTATEN

3 große Tomaten, geschält, entkernt und kleingeschnitten
75 g Zwiebeln, feingehackt
1 Jalapeño-Chili, bis auf ein paar Samen entkernt
¼ - ½ TL Salz
12 Knoblauchzehen, gehackt
1 EL frisches Basilikum, feingeschnitten, oder
1 TL getrocknetes Basilikum

ZUBEREITUNG

▶ Tomaten, Zwiebeln und Chili mit ¼ Teelöffel Salz 10 Minuten kochen, bis die überschüssige Flüssigkeit verdampft ist. Knoblauch und Basilikum zugeben und weitere 2-3 Minuten kochen lassen. Probieren und mit Salz abschmecken.

Schwarze-Bohnen-Zuckermais-Salsa

Ergibt ca. 350 g

Diese herzhafte, mit geröstetem Mais und drei verschiedenen Chilisorten hergestellte Salsa ist für Ihren Gaumen eine Symphonie unterschiedlichster Geschmacksrichtungen. Heiß serviert, harmoniert die Salsa vortrefflich mit gegrilltem Lachs und anderen Fischgerichten, mit Geflügel oder Schwein oder als Hauptgang eines vegetarischen Menüs. Zur Not kann man auch 350 g schwarze Bohnen aus der Dose nehmen, aber zweifelsohne sind frisch gekochte, heiße Bohnenkerne vorzuziehen.

ZUTATEN

175 g schwarze Bohnenkerne, getrocknet
3 große Maiskolben im Hüllblatt oder 5 kleine Maiskolben
1 kleine Zwiebel, geschält und geviertelt
4 Knoblauchzehen
2 Ancho-Chillies, halbiert und entkernt
2 große Tomaten, ohne Stiel, halbiert und entkernt
2 Anaheim-Chillies, halbiert und entkernt
75 g rote Zwiebeln, feingehackt
50 g Frühlingszwiebeln, feingeschnitten
2 Jalapeño-Chillies, entkernt und feingehackt
1 TL Cumin, gemahlen
1-3 TL Salz

ZUBEREITUNG

▶ Die Bohnenkerne verlesen und mit 750 ml Wasser in einem mittelgroßen Topf zum Kochen bringen. 2 Minuten kochen lassen, dann abdecken und 1 Stunden neben dem Herd stehen lassen.

▶ Währenddessen die Maiskolben vorbereiten. Die Deckblätter nach hinten schlagen, die feinen Blätter an den Kernen entfernen und die Deckblätter wieder zurückschlagen. Die Maiskolben 30 Minuten in Wasser einweichen. Wenn Sie die Maiskolben über einem Grillfeuer rösten möchten, den Grill anmachen.

▶ Die Bohnen abtropfen lassen und mit kaltem Wasser spülen. Mit 750 ml Wasser in einen großen Kochtopf geben, die Zwiebelstücke und 2 geschälte und zerdrückte Knoblauchzehen zugeben und zum Kochen bringen. Die Hitze verringern und unbedeckt 1-1 ½ Stunden köcheln lassen, bis die Bohnen weich und die Flüssigkeit verdampft ist. Öfter nachsehen und, wenn nötig, Wasser zugießen.

▶ Während die Bohnen kochen, die Ancho-Chillies vorbereiten und das Gemüse rösten. Die Chilihälften in einen kleinen, hitzebeständigen Behälter geben, 4 Eßlöffel kochendes Wasser zugießen und 20 Minuten einweichen; ein- oder zweimal umrühren, damit alle Chilihälften das Wasser aufnehmen können. Die Chillies mit der Einweichflüssigkeit in einem Küchenmixer pürieren und zu den Bohnen geben, während diese garen.

▶ Die Maiskolben abtropfen lassen. Wird ein Grill benutzt, sollten die Kohlen jetzt glühen und keine Flammen mehr werfen. Noch ein paar Kohlen nachlegen, um die Grillzeit zu verlängern, dann die Maiskolben 20 Minuten auf den Rost legen – aber nicht direkt über die glühenden Kohlen – und abdecken. Als Alternative können die Maiskolben auf ein Backblech gelegt und 20 Minuten bei 200 °C im Ofen gebacken werden. Die Maiskolben herausnehmen und etwas abkühlen lassen. Nun die Blätter von den Kolben entfernen und die Kolben auf den Rost über den glühenden Kohlen legen oder unter den heißen Grill des Ofens schieben. Öfter wenden und die Körner stellenweise leicht Farbe annehmen lassen. Nicht vollständig bräunen, denn sonst werden die Maiskörner zu trocken. Herausnehmen und etwas abkühlen lassen. Mit einem scharfen Messer die Körner abstreifen.

▶ Die Tomaten und Anaheim-Chillies auf dem Rost über glühenden Kohlen oder unter dem heißen Grill rösten. Darauf achten, daß die Hautseite der Hitzequelle zugewandt ist. Die Haut der Tomaten gut Farbe nehmen lassen und die Haut der Chillies größtenteils ankohlen lassen. Die Chillies 10 Minuten in einem geschlossenen Plastikbeutel ausdampfen lassen, damit sich die Haut löst. Dann die Haut mit einem Messer abziehen oder abkratzen. Ein paar schwarze Stellen übriglassen. Mit den Tomaten ebenso verfahren. Die Tomaten klein schneiden und die Chillies fein hacken.

▶ Die Bohnen und die Zwiebelstücke herausnehmen. Die restlichen Knoblauchzehen fein hacken und zu Bohnen, Mais, Tomaten und Anaheim-Chillies geben. Die restlichen Zutaten samt 1 Teelöffel Salz zugeben. Probieren und, wenn nötig, mit Salz abschmecken. Heiß servieren.

Von oben, im Uhrzeigersinn: *Schwarze-Bohnen-Zuckermais-Salsa, Feurige Habanero-Salsa (Seite 38) und Wintersalsa I (Seite 38).*

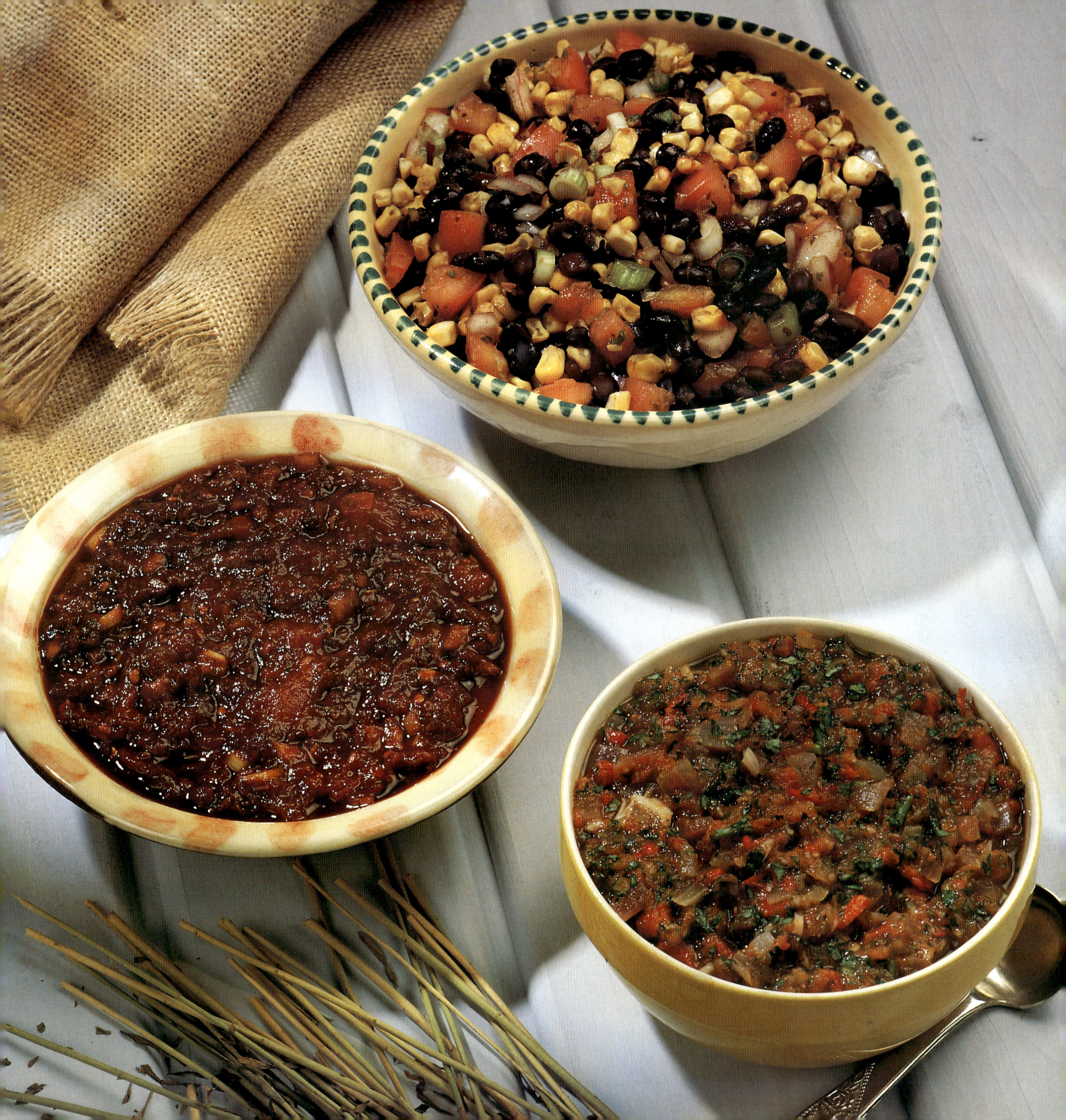

GEKOCHTE SALSAS

Feurige Habanero-Salsa

Ergibt ca. 175 g

Diese Salsa, die mit nur einem Habanero-Chili zubereitet wird, ist die schärfste im ganzen Buch und nur für jene gedacht, deren Geschmacksnerven bereits unwiederbringlich durch das Kapsaizin der Chillies geschädigt sind. Sie harmoniert sehr gut mit vielen Speisen – Tacos, Fleisch, Eierspeisen und Tortilla-Chips. Stellen Sie sicher, daß sich ausreichend Milch zur Linderung in Griffweite befindet. Siehe auch Bild auf Seite 37.

Zutaten

1 ganzer Habanero-Chili, getrocknet
225 g Tomaten, entkernt und ohne Haut, feingeschnitten
75 g rote Zwiebeln, feingehackt
2 Knoblauchzehen, feingehackt
15 g frisches Korianderkraut, gehackt
1 EL Apfelessig
1 El Olivenöl
¼ TL Salz

Zubereitung

▶ Den Stiel des Habanero-Chilis entfernen, in einen kleinen, hitzebeständigen Behälter geben, 150 ml kochendes Wasser zugießen und ca. 30 Minuten darin einweichen. Dann grob hacken und den Habanero mit dem Einweichwasser und Tomaten, Zwiebeln und Knoblauch in einen kleinen Kochtopf geben. 10–15 Minuten köcheln lassen, bis die überschüssige Flüssigkeit verdampft ist. Die restlichen Zutaten zugeben und weitere 2 Minuten kochen. Die Salsa mit den restlichen Zutaten in den Küchenmixer geben und mixen, bis der Habanero kleingehackt, aber die Salsa noch nicht vollständig püriert ist.

Wintersalsa I

Ergibt 300 g

Diese mäßig scharfe »Lebensmittelschrank-Salsa« (Bild Seite 37) wird mit Dosentomaten und getrockneten Ancho-Chillies hergestellt und eignet sich besonders für die Wintermonate, wenn frische, aromatische Zutaten nur schwierig zu bekommen sind. Die Wintersalsa paßt gut zu Tortilla-Chips und Eierspeisen.

Zutaten

2 Ancho-Chillies (manchmal auch als Pasillas ausgezeichnet)
400 g ganze Tomaten aus der Dose
2 Knoblauchzehen, feingehackt
75 g Zwiebeln, feingehackt
2–3 TL Korianderkraut, getrocknet
1 TL Zucker
¼ TL Salz

Zubereitung

▶ Die Chillies aufschneiden, die Samenkörner und die Scheidewände größtenteils entfernen und in 2,5 cm große Stücke schneiden – dadurch lassen sie sich leichter mixen. Die Chilistücke in einen kleinen hitzebeständigen Behälter geben, 60 ml kochendes Wasser zugießen und 20 Minuten einweichen. Die Chillies öfter bewegen, damit alle Stücke das Wasser aufnehmen. Scheinen die Chillies sehr trocken zu sein, etwas länger einweichen.

▶ Das Einweichwasser mit den Chillies durch ein Sieb gießen und die Chilistücke mit ca. der Hälfte der Tomaten samt Saft in den Mixer geben. Mixen, bis die Chillies sehr fein gehackt sind. Die restlichen Tomaten klein schneiden und mit der Chili-Tomaten-Mischung und den restlichen Zutaten in einen kleinen Kochtopf geben. 10 Minuten köcheln lassen, bis die überschüssige Flüssigkeit verdampft ist. Probieren und abschmecken.

SALSAS AUSSERHALB DER SAISON

Es ist Januar, und Sie verspüren ein Verlangen nach Salsas und Tortilla-Chips, aber die Tomaten sind zu dieser Jahreszeit hart und ohne Geschmack. Frische Chillies gibt es nicht. Keine Sorge, es gibt Wege, Ihr Verlangen zu stillen.
Tomaten aus der Dose, besonders italienische Eiertomaten, sind besser als die unreifen, frischen Tomaten. Eingemachte Chillies sind kein guter Ersatz für frische – außer es handelt sich um Chipotle-Chillies. Getrocknete Chillies sind daher vorzuziehen.
In den drei folgenden Salsarezepten werden Zutaten verwendet, die in Lebensmittelläden das ganze Jahr über zu haben sind. Sie sind ohne Frage nicht mit einer Salsa-Cruda zu vergleichen, aber dennoch sehr gut.

GEKOCHTE SALSAS

Wintersalsa II

〰️

Ergibt ca. 250 g

Hauptbestandteile dieser feurig-rauchigen Salsa sind Dosentomaten und Chipotle-Chillies. Die Chillies sind in Adobosauce eingelegt, von der ein Teil für die Salsa verwendet wird.

Zutaten

400 g Dosentomaten, im Ganzen oder kleingeschnitten
3 in Adobosauce eingelegte Chipotle-Chillies
1 EL Adobosauce
75 g Zwiebeln, feingehackt
½ TL Oregano, getrocknet
Salz zum Abschmecken

Zubereitung

▶ Tomaten, Chillies und Adobosauce im Mixer zerkleinern, jedoch nicht pürieren. Die Salsa in einen kleinen Kochtopf geben und Zwiebeln und Oregano zugeben. 10 Minuten kochen lassen und mit Salz abschmecken.

Wintersalsa III

〰️

Ergibt ca. 175 g

In diese feurige New-Mexico-Salsa werden zerstoßene Chillies gegeben, wodurch sie sehr scharf wird. Einen weiteren Teelöffel Chiliflocken zugeben, wenn die Salsa noch schärfer werden soll.

Zutaten

40 g Zwiebeln, feingehackt
2 EL rote Chiliflocken
1 TL Oregano, getrocknet
4 EL Rotweinessig
400 g Dosentomaten, im Ganzen
¼ TL Cumin, gemahlen
¼–½ TL Salz

Zubereitung

▶ Zwiebeln, Chiliflocken, Oregano und Essig miteinander vermengen und 30 Minuten stehen lassen. Die Tomaten im Mixer zerkleinern, aber nicht pürieren und in einem kleinen Kochtopf zusammen mit allen anderen Zutaten 10 Minuten oder etwas länger köcheln lassen, bis die überschüssige Flüssigkeit verdampft ist. Probieren und abschmecken.

In bestimmten Gegenden Amerikas wird die Chiliernte von Festivals, Paraden und Kochveranstaltungen begleitet.

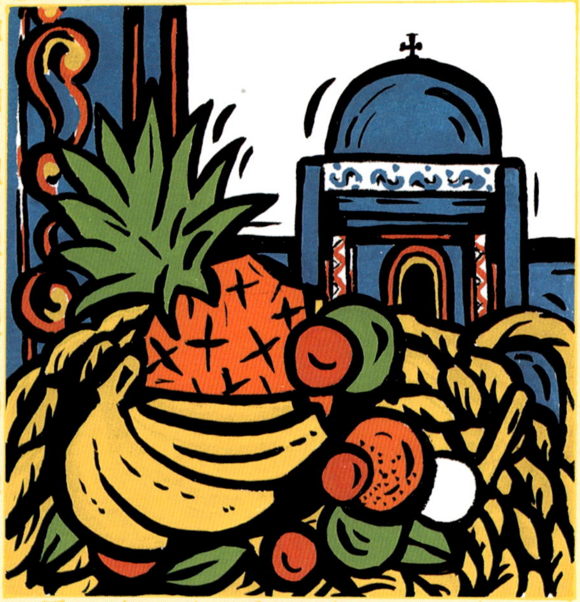

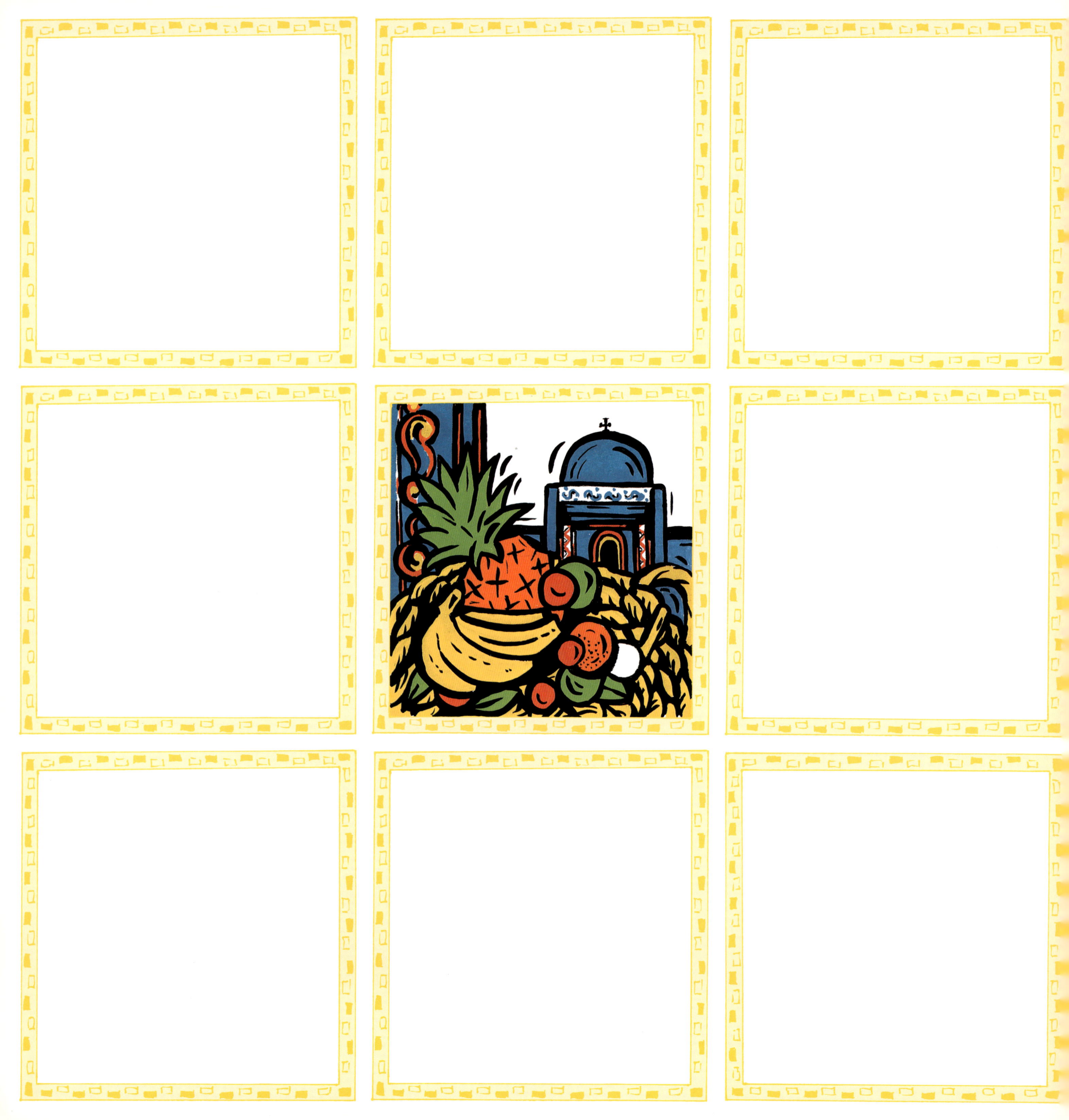

Fruchtsalsas

Avocado-Mango-Salsa
Ananas-Ingwer-Salsa
Tropical-Salsa
Gegrillte-Mango-Habanero-Salsa
Preiselbeer-Papaya-Salsa
Nektarinensalsa
Jicama-Pfirsich-Salsa
Mangosalsa
Schwarze-Bohnen-Papaya-Salsa

Avocado-Mango-Salsa

〜〜

Ergibt ca. 350 g

Diese reichhaltige, angenehm süßliche Verbindung von Avocados und Mangos wird durch die Serrano-Chillies und die roten Zwiebeln wunderbar pikant. Geben Sie sie zu Fleisch, Geflügel und Fisch.

Zutaten

1 Mango, entkernt und kleingeschnitten
1 Avocado, geschält, entkernt und kleingeschnitten
2 Serrano-Chillies, mit Samenkörnern und Scheidewänden, feingehackt
75 g rote Zwiebeln, feingehackt
3 EL frisches Korianderkraut, gehackt
2 EL frischer Limonensaft
2 EL Orangensaft
1 Msp. Cumin, gemahlen

Zubereitung

▶ Alle Zutaten miteinander vermischen, 30 Minuten ziehen lassen, probieren und abschmecken.

Ananas-Ingwer-Salsa

〜〜

Ergibt ca. 575 g

Das Grillen der Ananas neutralisiert einen Teil der Säure und bildet einen süßlichen Kontrapunkt zu der Schärfe der Jalapeño-Chillies und des frischen Ingwers. Diese Salsa paßt gut zu Fleisch, besonders zu Schwein, läßt sich aber auch direkt aus der Schüssel essen. Sie sollte am Tag der Zubereitung verzehrt werden.

Zutaten

2 oder 3 2 ½ cm dicke frische Ananasscheiben, ungeschält
75 g rote Paprikaschoten, kleingeschnitten
75 g rote Zwiebeln, feingehackt
2 Jalapeño-Chillies mit Samen, feingehackt
2–3 TL frischer Ingwer, sehr feingeschnitten
1 EL Reisessig oder Weißweinessig

Zubereitung

▶ Die Ananasstücke über glühenden Kohlen oder unter dem Grill des Ofens grillen, bis sie stellenweise gut Farbe annehmen, 3–5 Minuten je Seite. Die Ananasstücke etwas abkühlen lassen, die Haut und harte Stellen wegschneiden. Das Fruchtfleisch klein schneiden und 275 g davon mit den anderen Zutaten in den Mixer geben und zerkleinern. 30 Minuten ziehen lassen, probieren und abschmecken.

Tropical-Salsa

〜〜

Ergibt ca. 300 g

Ein Hauch der Tropen begleitet diese Salsa, die mit Mangos, Ananas und Minze zubereitet wird. Sie sollte erst kurz vor dem Servieren zubereitet werden und harmoniert gut mit Fleisch und geröstetem Truthahn.

Zutaten

1 reife Mango, geschält, entkernt und kleingeschnitten
75 g frische Ananas, geschält und kleingeschnitten
2 EL frische Minze, gehackt
2 EL frisches Korianderkraut, gehackt
40 g rote Zwiebeln, feingehackt
1 Serrano-Chili, feingehackt
1 süßer italienischer Chili oder andere milde Chili, entkernt
1 EL Orangensaft
1 El Olivenöl
¼–½ TL Cumin, gemahlen
Salz zum Abschmecken

Zubereitung

▶ Alle Zutaten miteinander vermengen, 30 Minuten ziehen lassen, probieren und abschmecken.

Von oben, im Uhrzeigersinn: Avocado-Mango-Salsa, Tropical-Salsa und Ananas-Ingwer-Salsa.

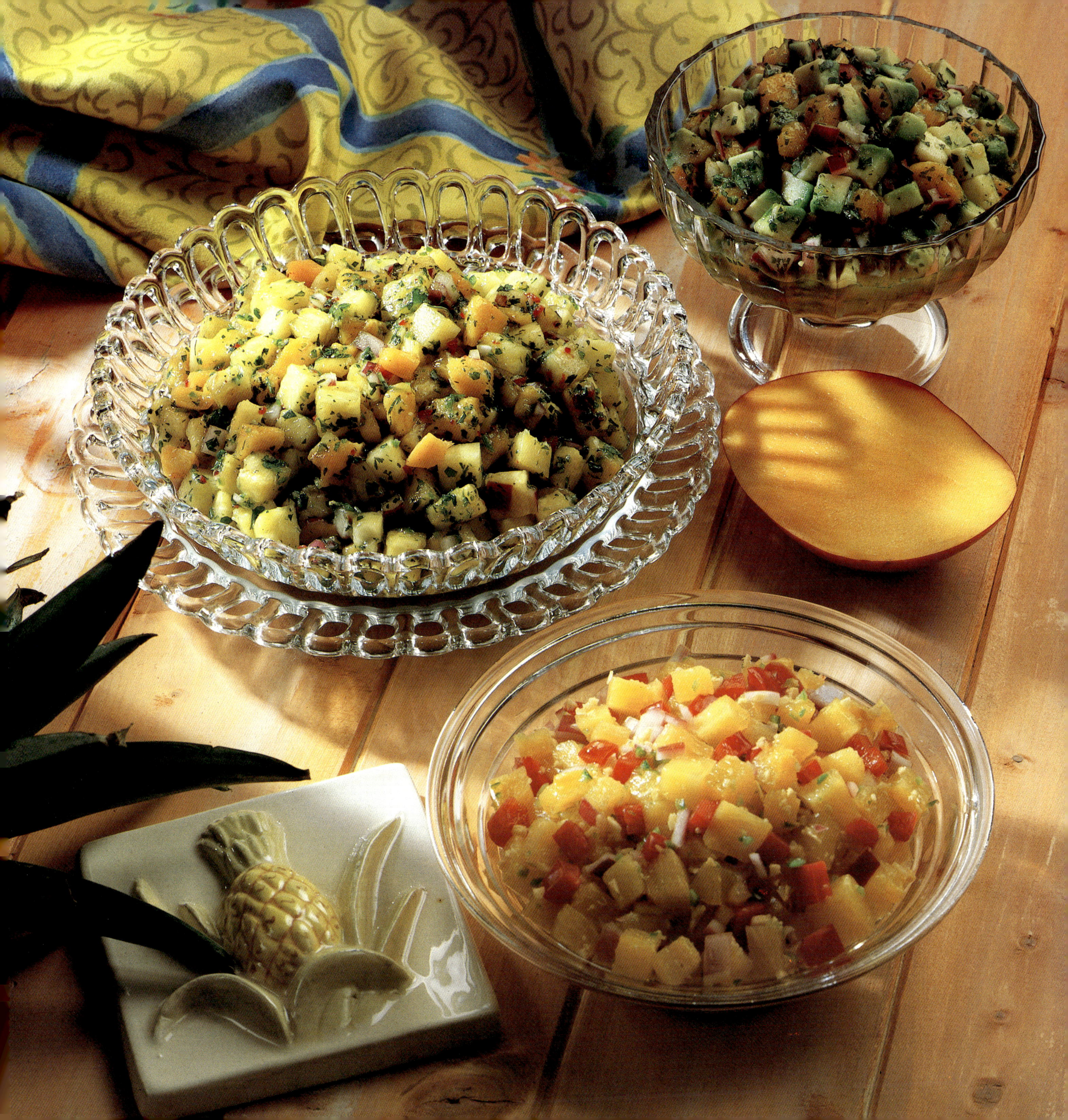

Gegrillte-Mango-Habanero-Salsa

Ergibt ca. 300 g

Diese süßlich-scharfe Salsa ist eine ungewöhnliche Verbindung von gegrillten Mangos, süßlichen Zwiebeln und scharfen Habanero-Chillies. Das Grillen verstärkt die Süße der Mangos, was die Schärfe des Habanero-Chilis abmildert. Diese Salsa ist nur mäßig scharf, wenn Sie die Samenkörner und Scheidewände des Habanero-Chilis entfernen. Feurig scharf wird sie, wenn Sie die Samenkörner und Scheidewände mitverwenden. Sind keine Habanero-Chillies zu bekommen, ersetzen Sie sie durch 3 Serrano-Chillies. Verwenden Sie zum Grillen ein spezielles Grillblech, denn sonst verlieren Sie einen Teil der Mangos in den glühenden Kohlen.

ZUTATEN

2 reife, aber feste Mangofrüchte
1 große oder 2 kleine milde Zwiebeln oder Schalotten
1 Habanero-Chili, feingehackt
3 EL frisches Korianderkraut, gehackt
2 EL frischer Limonensaft
1 EL Reisessig oder Weißweinessig
1 Msp. Salz

ZUBEREITUNG

▶ Die Mangos in längliche Stücke schneiden, aber nicht schälen, da sie durch die Schale leichter zu handhaben sind, gerade wenn sie durch das Grillen weich werden.

▶ Die Zwiebel schälen und vierteln (kleine Zwiebeln halbieren). Mango- und Zwiebelstücke auf ein sparsam gefettetes Grillblech legen und grillen, bis das Fruchtfleisch der Mangos leicht Farbe annimmt. Die Mangos dann wenden. Die Zwiebeln sollten etwas mehr Farbe annehmen als die Mangos, aber nicht schwarz werden. Ebenfalls wenden. Vom Grill nehmen und zur Weiterverarbeitung etwas abkühlen lassen.

▶ Die Schale der Mangostücke entfernen und das Fruchtfleisch in ½ cm große Würfel schneiden. Den austretenden Saft auffangen und mit den feingeschnittenen Zwiebeln und den restlichen Zutaten vermengen. Probieren und abschmecken.

Preiselbeer-Papaya-Salsa

Ergibt ca. 575 g

Hier ein Ableger der traditionell zubereiteten Preiselbeersauce, die zu gegrilltem Truthahn gereicht wird. Die 2 Jalapeño-Chillies geben dieser Salsa eine unerwartete Schärfe. Mit einem kleinen Unterschied in der Zubereitung kann diese Sauce roh und gekocht zubereitet werden. Möchten Sie eine schärfere, grobere Salsa erhalten, bereiten Sie sie roh zu. Die gekochte Version ist süßlicher und glatter.

ZUTATEN

½ Orange, geschält
½ mittelgroße Zwiebel, geschält
2 Jalapeño-Chillies mit Samenständen und ohne Samen
300 g frische oder gefrorene Preiselbeeren
1 EL frischer Limonensaft
75 g Honig
1 Papaya, geschält, entkernt und in 5 mm kleine Würfel geschnitten

ZUBEREITUNG DER ROHEN SALSA

▶ Die Orange wenn nötig entkernen und zusammen mit den Zwiebeln in große Stücke schneiden, in den Mixer geben und grob zerkleinern. Die Jalapeño-Chillies in 3–4 Stücke schneiden und zu den Orangen und Zwiebeln geben. Preiselbeeren, Limonensaft und Honig zugeben und mixen, aber nicht zu fein. In eine Schüssel geben und die Papayawürfel unterheben. Probieren und nach Belieben mit Honig und Limonensaft abschmecken.

ZUBEREITUNG DER GEKOCHTEN SALSA

Zutaten wie oben, nur mit 100 g Honig
2 EL Wasser

▶ Orange und Zwiebeln wie oben angegeben mixen. Preiselbeeren, Limonensaft, Honig und Wasser zugeben und mixen. Die Jalapeño-Chillies nicht zugeben. Die Salsa in einen kleinen Kochtopf geben und 10 Minuten köcheln lassen, bis die überschüssige Flüssigkeit verdampft und die Sauce rubinrot geworden ist. Probieren und nach Belieben mehr Honig zugeben. Vom Herd nehmen und auskühlen lassen. Die Chillies fein hacken und zusammen mit den Papayawürfeln unter die Salsa rühren.

Nektarinensalsa

Ergibt ca. 175 g

Süße Nektarinen werden zusammen mit Zwiebeln und frischem Chili gemixt und mit Chiligewürzmischung abgeschmeckt. Diese Salsa ist süßlich-scharf und paßt gut zu Meeresfrüchten und Hähnchen. Sie kann mehrere Stunden im voraus zubereitet werden.

Zutaten

3 reife Nektarinen, geschält, entkernt und feingeschnitten
4 EL Frühlingszwiebeln, sehr fein geschnitten
1 Jalapeño- oder Serrano-Chili, teilweise entkernt und feingehackt
40 g rote Paprikaschoten, feingeschnitten
2 EL frisches Basilikum, sehr fein geschnitten
2 EL frischer Limonensaft
¼ TL Chiligewürzmischung
Salz und Pfeffer zum Abschmecken

Zubereitung

▶ Mit einer Gabel ca. 2 Eßlöffel der Nektarinenwürfel zerdrücken. Die Nektarinenwürfel und die restlichen Zutaten zugeben. 15 Minuten durchziehen lassen und abschmecken.

Jicama-Pfirsich-Salsa

Ergibt ca. 450 g

Diese Salsa ist süßlich, mäßig scharf und grob. Sehr gut als kleine Zwischenmahlzeit.

Zutaten

175 g Jicamaknollen (entspricht ungefähr einer ½ geschälten)
100 g rote Zwiebeln, feingehackt
50 g rote Paprikaschoten, feingeschnitten
2 mittelgroße Pfirsiche, geschält, entkernt und kleingeschnitten
2 Jalapeño-Chillies mit Samen, feingehackt
2-3 EL frischer Limonensaft
½ TL Chiligewürzmischung
1 EL frisches Basilikum, feingeschnitten

Zubereitung

▶ Die Zutaten miteinander vermengen und 15 Minuten ziehen lassen.

Frisches Obst und Gemüse lassen sich für die Salsas gut mit der Schärfe der Chillies verbinden.

FRUCHTSALSAS

Mangosalsa

Ergibt ca. 350 g

Mangos sind in der Karibik und auf den Philippinen sehr beliebt für Salsas, weil ihre angenehme Süße sehr gut mit der Schärfe der Chillies harmoniert.

Zutaten

2 Mangos, geschält, entkernt und in kleine Würfel geschnitten
75 g rote Zwiebeln, feingehackt
75 g rote Paprikaschoten, feingeschnitten
2 Jalapeño-Chillies, entkernt und feingehackt
3 EL frischer Limonensaft

Zubereitung

▶ Alle Zutaten miteinander vermengen und 15 Minuten ziehen lassen.

Schwarze-Bohnen-Papaya-Salsa

Ergibt ca. 450 g

Diese wunderbar süß-saure Salsa wird mit frischem Ingwer zubereitet und paßt gut zu Hähnchen, Fisch und Fleisch, besonders zu Schwein.

Zutaten

450 g schwarze Bohnen aus der Dose, unter kaltem Wasser gespült und abgetropft
1 Papaya, geschält, entkernt und in kleine Würfel geschnitten
2 Poblano-Chillies, geröstet (Seite 12), entkernt und feingehackt
75 g rote Paprikaschoten, feingeschnitten
75 g rote Zwiebeln, feingehackt
15 g frisches Korianderkraut, gehackt
1 EL frischer Ingwer, feingehackt
3 EL frischer Limonensaft
1 TL getrocknete rote Chillies, zerstoßen
Salz und Pfeffer zum Abschmecken

Zubereitung

▶ Alle Zutaten miteinander vermengen und 30 Minuten ziehen lassen. Mit Salz und Pfeffer abschmecken.

Schwarze-Bohnen-Papaya-Salsa **(oben)** *und Mangosalsa* **(unten)**.

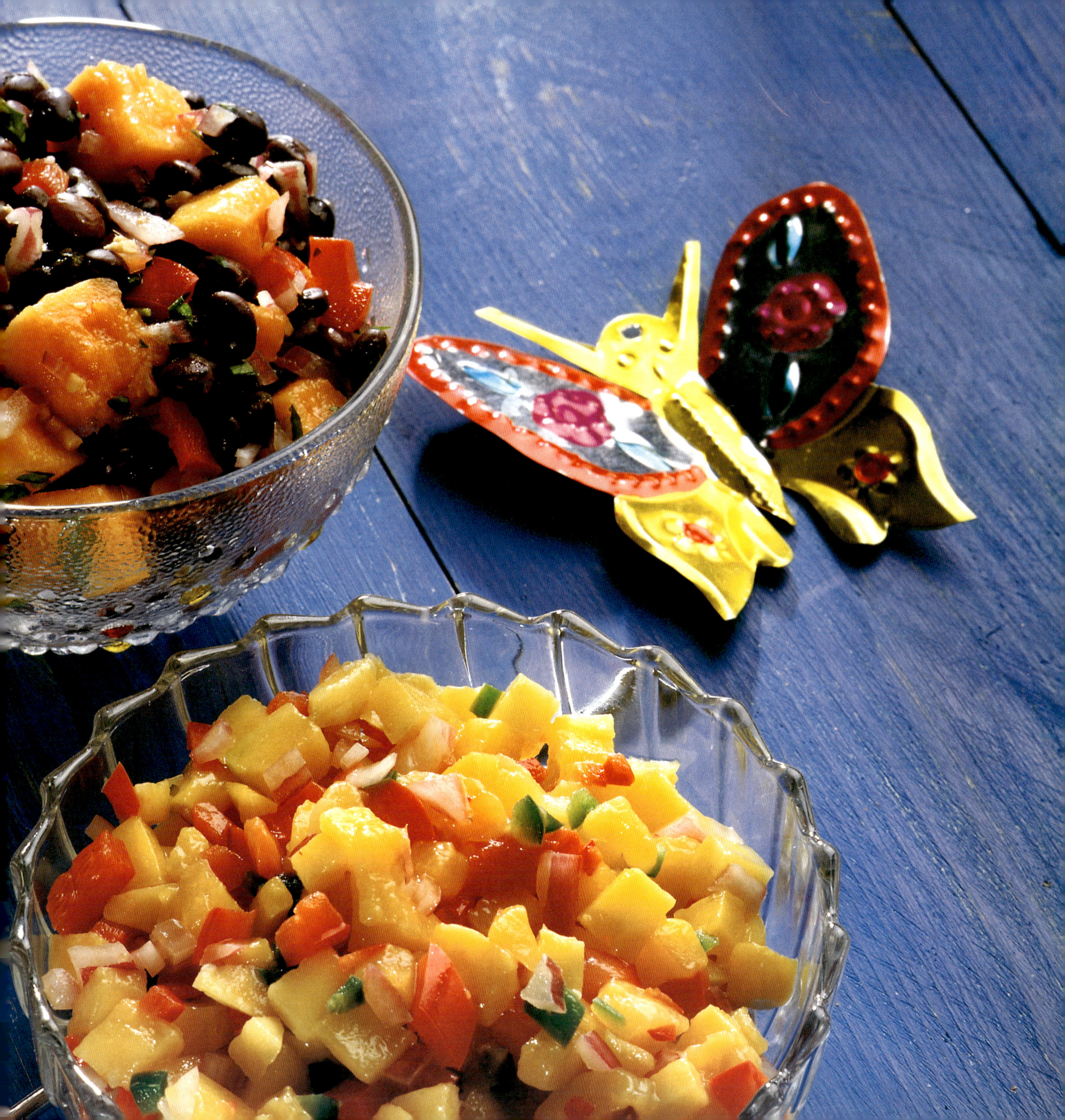

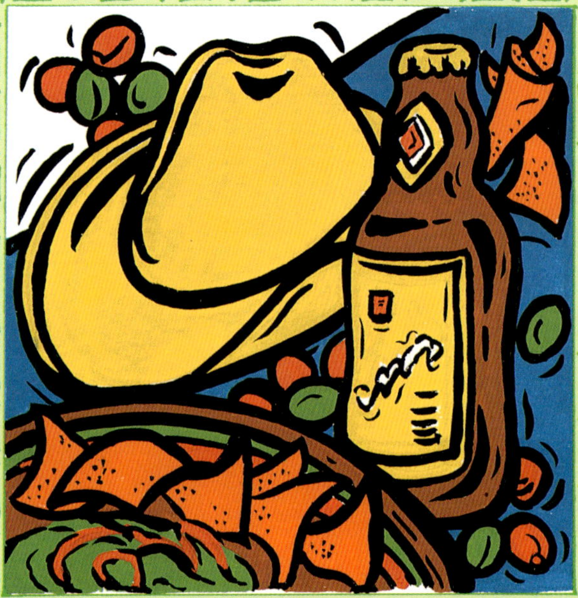

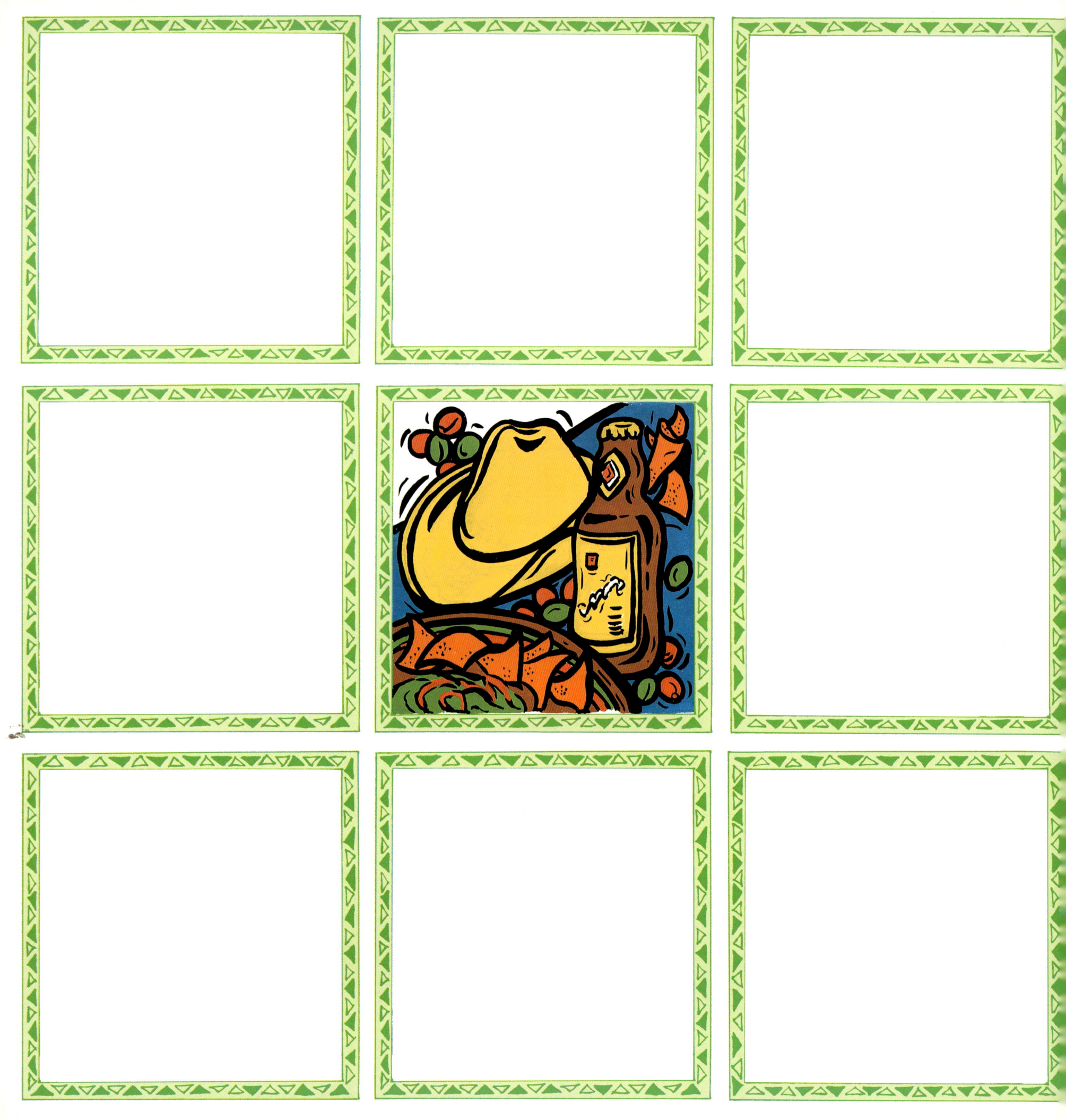

Vorspeisen

Tripel-Salsa-Creme
Garnelen mit Parmaschinken
Scharfer Bohnen-Dip
Chorizo-Bohnen-Dip
Avocadosalsa-Aufstrich mit Hähnchen
Nachos
Drei-Lagen-Fiesta-Dip
Meeresfrüchtesalsa auf Frischkäse
Hausgemachte Tortilla-Chips

Empanadas
Chili con queso
Tostaditas

VORSPEISEN

Tripel-Salsa-Creme

Ergibt ca. 675 g

Diese Salsa besteht aus mehreren Schichten und wird aus drei verschiedenen Salsas und Frischkäse zubereitet. Sie ist die Überraschung auf jeder Party. Das »Salsa-Trio« sollte einen Tag, mindestens jedoch 4 Stunden im voraus zubereitet werden. Am besten stellt man die Salsa nach jeder neuen Lage ca. 30 Minuten kalt. Als einfachere Zubereitung kann man die Avocadosalsa weglassen und dafür Tomatensalsa über die oberste Lage geben. Tortilla-Chips oder Brötchen dazu reichen.

ZUTATEN

450 g körniger Frischkäse
2 EL Milch
50 g einer auf Tomaten basierenden Salsa oder Grundzubereitung für gekochte Salsas (Seite 32)
Koriander-Chili-Pesto (Seite 28)
200 g Avocadosalsa (Seite 22)

ZUBEREITUNG

▶ Verwenden Sie für diese Zubereitung eine Schüssel von 15 cm Durchmesser und mindestens 5 cm Höhe, am besten ist eine Timbale für Soufflés. Die Schüssel mit Frischhaltefolie möglichst glatt auslegen. Dabei die Folie großzügig über den Rand ragen lassen.

▶ Die Milch unter den Frischkäse heben, so daß sich die Masse leicht verteilen läßt, aber nicht zerläuft. Den Boden der Schüssel mit dem Frischkäse eben ausstreichen. 30 Minuten kalt stellen. Dann das Koriander-Chili-Pesto eben über der Frischkäseschicht verteilen und kalt stellen. Den restlichen Frischkäse mit der Tomatensalsa vermengen und gleichmäßig über der Pestoschicht verteilen. Dann mindestens 4 Stunden kalt stellen.

▶ Kurz vor dem Servieren die Avocadosalsa zubereiten. Sie kann ebenfalls im voraus zubereitet werden, wenn man die Avocados erst kurz vor dem Servieren zugibt. Eine große, runde Servierplatte umgekehrt auf die Schüssel mit der Salsazubereitung legen. Servierplatte und Schüssel mit beiden Händen zügig, aber behutsam umdrehen. Das Salsa-Trio auf die Platte gleiten lassen und die Schüssel vorsichtig abheben. Die Frischhaltefolie entfernen und die Avocadosalsa über dem Salsa-Ensemble gleichmäßig verteilen. Sofort servieren.

Der Markt von St. George auf Grenada. Salsas machen einen Großteil der karibischen Küche aus.

Garnelen mit Parmaschinken

Für 4 Personen

Parmaschinken kommt aus Italien. Er wird in eine würzige Lake gelegt und dann ungefähr 12 Monate luftgetrocknet. Da dieser Schinken durch das Abhängen sehr an Geschmack gewinnt, genügt eine hauchdünne Scheibe pro Garnele. Diese einfache, aber elegante Vorspeise, bei der Melonenstücke und Garnelen in den Schinken eingerollt werden, wird mit Mangosalsa garniert. Reichen Sie als ersten Gang eines Menüs drei Garnelen pro Person.

ZUTATEN

12 mittelgroße bis große Garnelen, ausgelöst und gegart
2 EL frischer Limonensaft
3 frische Feigen, geviertelt, oder
12 kleine Melonenecken, geschält
6 große oder 12 kleine, hauchdünne Scheiben Parmaschinken
175 g Mangosalsa (Seite 46)

ZUBEREITUNG

▶ Die gegarten Garnelen mit dem Limonensaft 5 Minuten marinieren. Wenn nötig, den überschüssigen Saft mit einem Küchentuch abtupfen.

▶ Auf jede Garnele ein Stück Feige und eine Melonenecke legen. Die Schinkenscheiben der Länge nach halbieren und die Garnelen mit den Fruchtstücken darin einwickeln. Mit Mangosalsa garnieren und servieren.

VORSPEISEN

Scharfer Bohnen-Dip

Ergibt ca. 675 g

Bei diesem Rezept werden Bohnen, Gewürze, Käse und Salsa Cruda verwendet. Servieren Sie es heiß zu Tortilla-Chips.

ZUTATEN

250 g Bohnenkerne aus der Dose, püriert
250 g Salsa Cruda (Seiten 18, 19)
175 g Cheddarkäse, gerieben
¼ TL Cumin, gemahlen
¼ TL Oregano, getrocknet
Salz
40 g schwarze Oliven, entkernt, kleingeschnitten
2 EL Frühlingszwiebeln, feingeschnitten

ZUBEREITUNG

▶ Das Bohnenpüree in einer Pfanne erhitzen. Die Salsa, 100 g Käse, Cumin und Oregano zugeben. Rühren, bis der Käse geschmolzen ist, probieren und mit Salz abschmecken. In eine Servierschüssel geben und mit den Frühlingszwiebeln und den Oliven sowie dem restlichen Käse garnieren.

Hinweis: Die Bohnen nur mit dem restlichen Käse garnieren und bei 180 °C einige Minuten überbacken. Dann mit den Frühlingszwiebeln und den Oliven garnieren.

VORSPEISEN

Chorizo-Bohnen-Dip

Ergibt ca. 575 g

Dieser leckere scharfe Dip wird mit pürierten schwarzen Bohnen und pikanter Chorizo-Wurst zubereitet und mit Tortilla-Chips gegessen. Übriggebliebene Reste des Dips kann man auch für Omeletts, Empanadas (Seite 60) und Tostaditas (Seite 63) verwenden. Am besten stellt man gleich die doppelte Menge her.

ZUTATEN

175 g schwarze Bohnenkerne, getrocknet
ca. 150 g Chorizo-Wurst
75 g Zwiebeln, feingehackt
1–2 TL Salz
175 g Salsa Cruda I (Seite 18)

ZUBEREITUNG

▶ Die Bohnenkerne verlesen und über Nacht in 1 l Wasser einweichen oder die Bohnen aufkochen, 2 Minuten kochen, vom Herd nehmen und zugedeckt 1 Stunde stehen lassen. Die Bohnen abtropfen lassen und mit kaltem Wasser spülen. Dann die Bohnen mit 1 Liter Wasser in einen mittelgroßen Kochtopf geben, aufkochen, die Hitze klein stellen und köcheln lassen.

▶ Die in Würfel geschnittene Chorizo-Wurst in einer kleinen Bratpfanne 5–7 Minuten braten, bis sie Farbe angenommen hat. Mit einem Schaumlöffel das Fleisch herausnehmen und zu den Bohnen geben. Das heiße Fett vorsichtig bis auf einen kleinen Rest abgießen, die Pfanne erneut erhitzen und die feingeschnittene Zwiebel bei mittlerer Hitze 5 Minuten andünsten. Dann die Zwiebeln zu den Bohnen geben und köcheln lassen. Nur soviel Wasser zugeben, daß am Ende der Garzeit etwas Kochflüssigkeit übrigbleibt. Die Garzeit sollte insgesamt ca. 1–1 ½ Stunden betragen. 1 Teelöffel Salz zugeben.

▶ Den Topf vom Herd nehmen und 100 g Bohnen herausnehmen. Den Rest in einem Mixer pürieren, dann die restlichen, ganzen Bohnen und die Salsa zugeben. Probieren und abschmecken. Heiß servieren.

VORSPEISEN

Avocadosalsa-Aufstrich mit Hähnchen

Ergibt ca. 300 g

Dieser Aufstrich schmeckt leckerer, als man zuerst annimmt. Soll er schärfer werden, gibt man einen feingehackten Jalapeño-Chili mit Samenkörnern und Scheidewänden oder Tabasco in den Aufstrich. Er läßt sich im voraus zubereiten; die Avocado aber erst kurz vor dem Servieren zugeben. Das Marinieren und Grillen des Hähnchenfleisches (Beschreibung Seite 110) gibt dem Aufstrich eine zusätzliche Geschmacksnote, aber auch ungegrillt schmeckt diese Zubereitung sehr gut.

ZUTATEN

150 g Hähnchenfleisch, gekocht und in Würfel geschnitten
175 g Barbecue-Salsa (Seite 26)
1 große Avocado, geschält, entkernt und zerdrückt
1 EL frischer Limonensaft
Salz zum Abschmecken

ZUBEREITUNG

▶ Alle Zutaten miteinander vermengen und mit Korianderblättern und Frühlingszwiebeln garnieren. Dazu Tortilla-Chips oder Brötchen reichen.

Nachos

Für 3–4 Personen

Hausgemachte Nachos sind leicht zuzubereiten, und mit Cheddarkäse und weiteren Extras schmecken sie besser als die meisten, die es zu kaufen gibt. Der Vorteil hausgemachter Nachos ist, daß man sie seinem Geschmack entsprechend abstimmen kann. Für die folgende De-luxe-Version benötigt man Tomaten, Avocados, Oliven, Frühlingszwiebeln und Salsa.

ZUTATEN

300 g Tortilla-Chips
350 g Cheddarkäse, gerieben
2–3 Jalapeño-Chillies, frisch oder eingelegt, schräg in dünne Scheiben geschnitten
2 mittelgroße Tomaten, entkernt und kleingeschnitten
40 g Frühlingszwiebeln, feingeschnitten
50–75 g schwarze Oliven, entkernt und kleingeschnitten
1 große, reife Avocado, geschält, entkernt und in kleine Würfel geschnitten, oder Avocadosalsa (Seite 22) oder Guacamole (Seite 17)
175 g einer Grundzubereitung für gekochte Salsas (Seite 32)

ZUBEREITUNG

▶ Den Ofen auf 200 °C vorheizen. Die Tortilla-Chips auf zwei ofenfeste Servierschalen verteilen und mit dem Käse und den Chillies bestreuen. 3–5 Minuten backen, bis der Käse geschmolzen ist. Aus dem Ofen nehmen und mit Tomaten, Frühlingszwiebeln, Oliven und Avocados bestreuen. Heiß servieren und dazu die Salsa reichen.

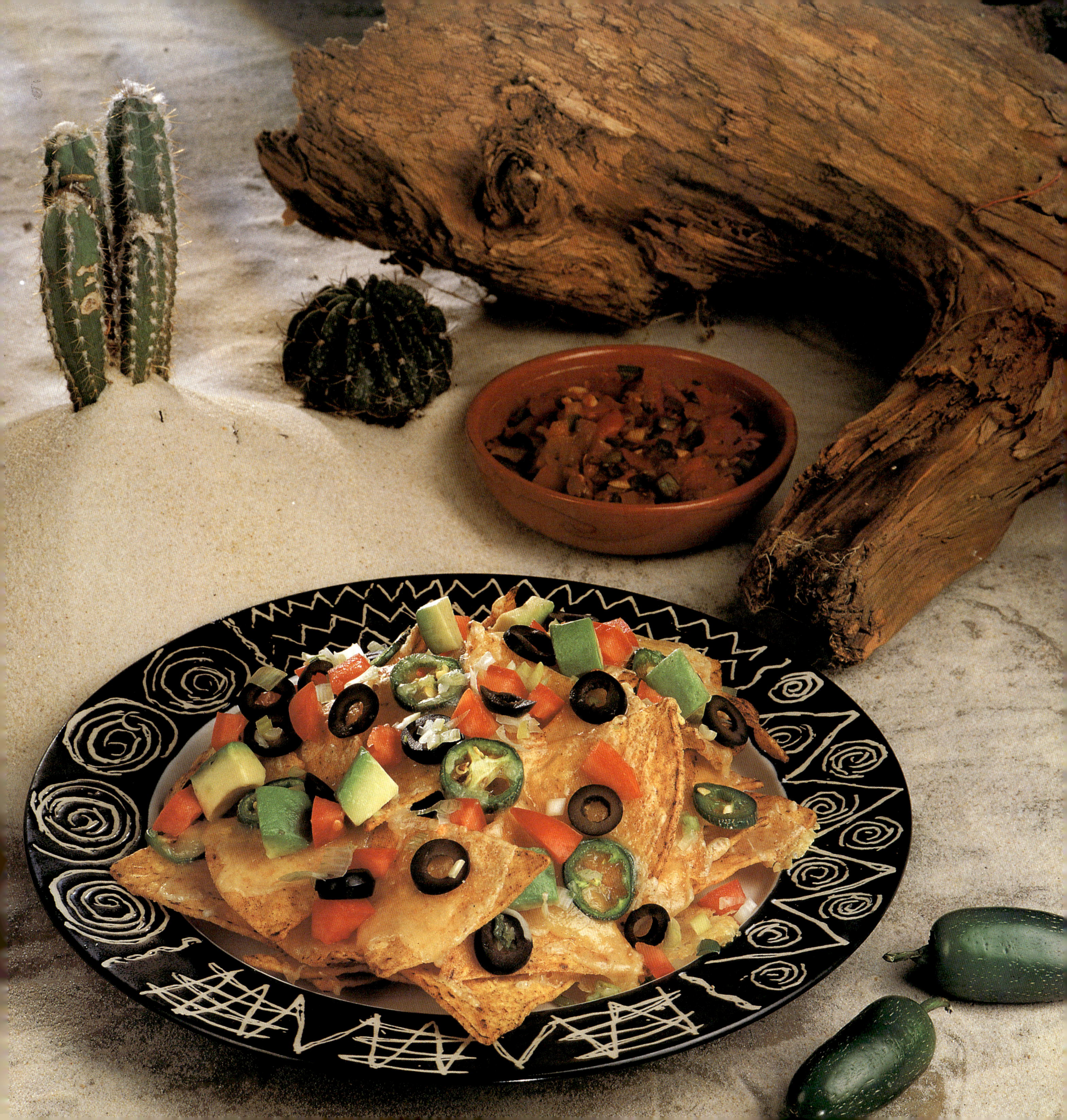

VORSPEISEN

Drei-Lagen-Fiesta-Dip

Für 10–12 Personen

Dieser herzhafte Dip wird mit mehreren Lagen Bohnen, Sauerrahm, Salsas, Käse und Avocado zubereitet. Ich verwende dafür verschiedene Salsas mit unterschiedlichen Geschmacksrichtungen – entweder Salsa mit gerösteten Jalapeño-Chillies (Seite 16) oder Chipotle-Salsa (Seite 34) zu den Bohnen und eine auf Tomaten basierende Salsa für den Sauerrahm. Wenn möglich, Salsas aus rohen Tomaten verwenden, da die Flüssigkeit der Tomaten den Sauerrahm verwässern würde. Der Dip kann mit Tortilla-Chips oder zu rohem Gemüse gereicht werden.

ZUTATEN

250 g Bohnen aus der Dose, püriert
75 g Salsa Ihrer Wahl
350 ml Sauerrahm
75 g einer weiteren Salsa Ihrer Wahl
250 g Avocadosalsa (Seite 22)
275 g Cheddarkäse, gerieben
75 g Frühlingszwiebeln, feingeschnitten
50 g schwarze Oliven, entkernt und kleingeschnitten
1 Avocado, geschält, entkernt und in kleine Würfel geschnitten

ZUBEREITUNG

▶ Den Ofen auf 180 °C vorheizen. Das Bohnenpüree mit der ersten Salsa mischen und auf einem großen, feuerfesten Backblech verteilen. Darüber den Käse gleichmäßig verteilen. Ca. 10 Minuten in den Ofen stellen, bis die Bohnen heiß sind und der Käse geschmolzen ist.

▶ Während das Bohnenpüree heiß wird, den Sauerrahm mit der zweiten Salsa mischen. Die Bohnen aus dem Ofen nehmen und die Sauerrahmmischung darüber verteilen. Die Avocadosalsa über der Bohnen-Sauerrahm-Schicht verteilen. Zum Schluß Frühlingszwiebeln, Oliven und Avocadowürfel über den Dip geben. Sofort servieren.

Das Abpacken der grünen Chillies für den Verkauf.

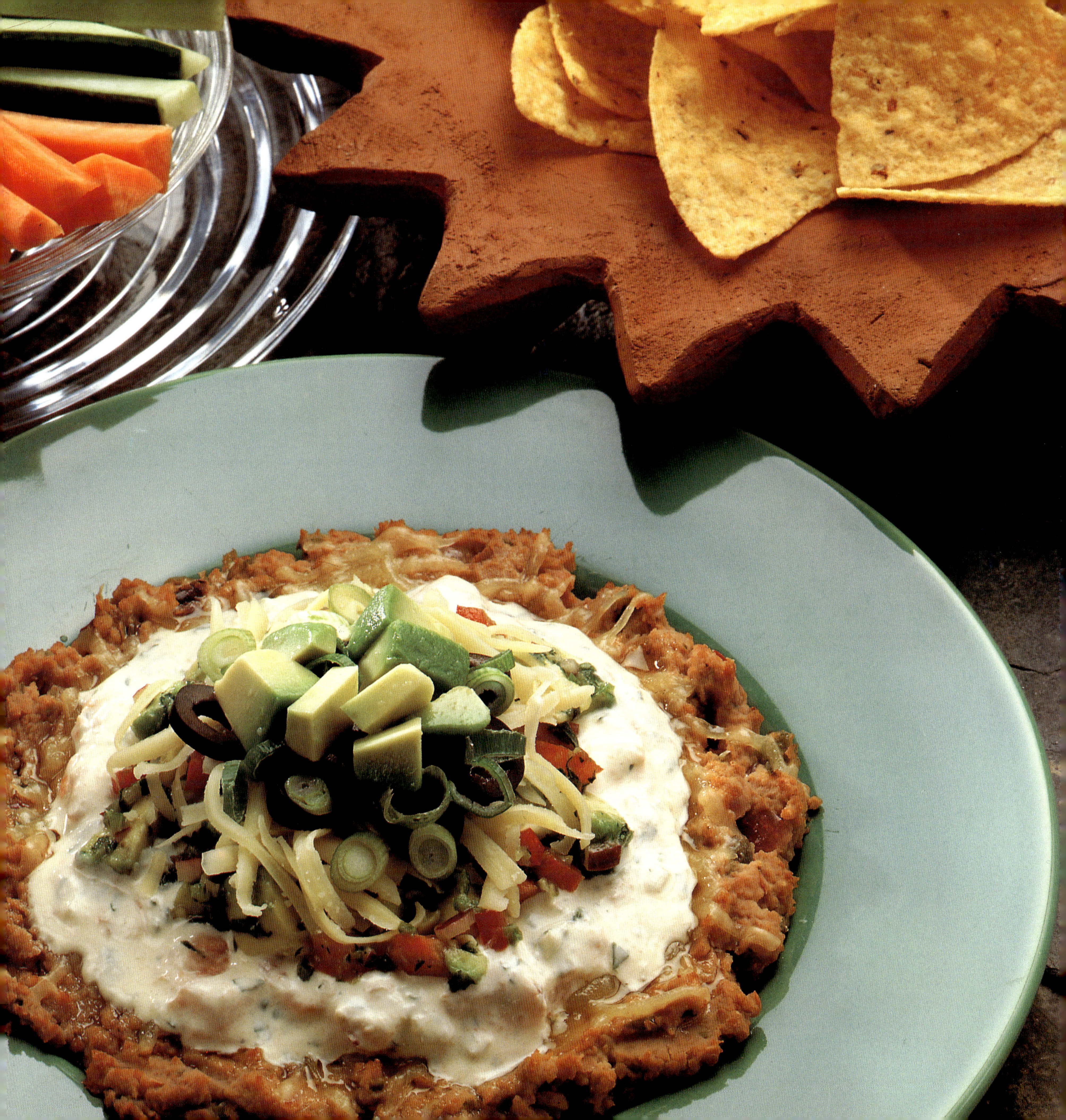

Meeresfrüchtesalsa auf Frischkäse

Für 4–6 Personen

Diese einfache Zubereitung ist eine Kombination aus Salsa und Meeresfrüchten, die über Frischkäse gegeben wird. Verwenden Sie eine auf Tomaten basierende Salsa Ihrer Wahl – es sollte aber eine gekochte oder zumindest mit gegrillten Tomaten hergestellte Salsa sein –, da rohe Tomaten Wasser absondern. Mit Brötchen oder zu rohem Gemüse servieren.

ZUTATEN

175 g einer auf Tomaten basierenden Salsa
ca. 75 g gegarte Garnelen, in kleine Stücke geschnitten, oder Krabbenfleisch
225 g körniger Frischkäse

ZUBEREITUNG

▶ Salsa und Garnelen oder Krabbenfleisch vermengen. Den Frischkäse auf einer Servierplatte anrichten und die Salsa darübergeben.

VORSPEISEN

Hausgemachte Tortilla-Chips

Für 4–6 Personen

Zu manchen Gelegenheiten werden ausschließlich heiße Tortilla-Chips zu den hausgemachten Salsas gereicht. Zum Glück sind sie einfach zuzubereiten. Leider lassen sich nur wenige Tortilla-Chips auf einmal zubereiten, außer es stehen mindestens zwei oder mehr große Bratpfannen zur Verfügung.

Zutaten

12 trockene Tortillas
100 g Salz (nach Belieben)
Öl zum Frittieren

Zubereitung

▶ Die Tortillas in Streifen oder Dreiecke schneiden. Sind sie noch frisch, die Tortillas ausbreiten und ca. 1 Stunde trocken werden lassen. Möchten Sie salzige Tortilla-Chips, eine Lake aus 100 g Salz und 475 ml Wasser zubereiten und die Tortillas kurz darin eintauchen. Herausnehmen und abtropfen lassen. Die Tortillas dabei leicht schütteln, damit überschüssige Lake entfernt wird.

▶ Öl in die Pfanne gießen, bis ein 1 cm hoher Spiegel entstanden ist. Dann erhitzen (das Öl darf aber nicht anfangen zu rauchen) und die Chips vorsichtig in das heiße Fett geben. Vorsicht: Sind die Chips noch feucht von der Lake, besteht Verbrennungsgefahr! Die Chips ca. 3 Minuten (je nachdem, wie heiß das Fett ist) goldbraun backen, dabei ein- bis zweimal wenden. Die Chips aus dem heißen Fett nehmen, über der Pfanne abtropfen lassen und dann auf Küchenkrepp legen. Dann die nächste Ladung in das heiße Fett geben und so fort.

▶ Die Chips können aber auch im Ofen bei 160 °C zubereitet werden. Die vorbereiteten Chips auf einem ungefetteten Backblech gleichmäßig verteilen und in den Ofen schieben. Gelegentlich wenden und ca. 40 Minuten backen, bis sie schön knusprig und leicht braun sind.

VORSPEISEN

Empanadas

Ergibt ca. 30 Stück

Empanadas sind kleine mexikanische Fleischtäschchen, die gebacken oder fritiert werden. Bei traditionell zubereiteten Empanadas wird ein Teig verwendet, der aus Masa Harina besteht, einer Maissorte, die für die Herstellung von Tortillas und Tamales verwendet wird. Bei moderneren Varianten werden häufig vorgefertigte Taschen aus Filoteig verwendet. Bei diesem Rezept wird ein Teig benutzt, der schnell knusprig wird und der die süßlich-scharfe, mit Salsa aromatisierte Fleischfüllung umhüllt.

ZUTATEN FÜR DEN TEIG

350 g Mehl, gesiebt
1 ½ TL Salz
175 g Schweineschmalz oder Margarine
6 EL kaltes Wasser

ZUBEREITUNG

▶ Mehl und Salz miteinander vermengen, dann das in kleine Stücke zerteilte Fett zugeben und auf einer ebenen Arbeitsfläche mit zwei scharfen Messern oder unter Verwendung einer Küchenmaschine (Messer) Mehl und Fett zu feinen Krümeln hacken. Das Wasser nach und nach zugießen und dabei die Zutaten rasch zu einem Teig kneten. Der Teig sollte eine Kugel bilden und dabei nicht mehr an der Arbeitsfläche kleben. Ist der Teig beim Kneten zu krümelig, noch ein wenig Wasser zugeben. Mindestens 1 Stunde abgedeckt kalt stellen, dann aus dem Kühlschrank nehmen und ca. 1 Stunde stehen lassen, bis er Raumtemperatur hat.

▶ Ungefähr die Hälfte des Teiges abtrennen und auf einer bemehlten Arbeitsfläche ca. 3 mm oder dünner ausrollen. Dann Taler von ca. 7,5 cm Durchmesser ausstechen oder -schneiden und die Teigreste wieder in die andere Teighälfte einarbeiten. Erneut ausrollen und Taler ausstechen. Der Teig sollte für ca. 30 Empanadas reichen.

ZUTATEN FÜR DIE FLEISCHFÜLLUNG

450 g mageres Rinderhackfleisch
75 g Zwiebeln, feingehackt
350 g Salsa Cruda (Seite 18 und 19), abgetropft
40 g Mandeln, ohne Haut, geröstet und grobgehackt (siehe Hinweis unten)
50 g Rosinen
½ TL Cumin, gemahlen
½ TL Gewürznelken, gemahlen
1 TL Salz
¼ TL Pfeffer

ZUBEREITUNG

▶ Das Hackfleisch und die Zwiebeln in einer heißen Bratpfanne 6–8 Minuten Farbe annehmen lassen. Die Salsa zugeben und 5 Minuten kochen, bis die überflüssige Flüssigkeit verdampft ist. Die restlichen Zutaten zugeben, gut vermengen und weitere 2 Minuten kochen.

▶ 1 Eßlöffel Füllung in die Mitte eines jeden Teigtalers geben, den Teig über die andere Hälfte schlagen, so daß er einen Halbmond bildet, und festdrücken.

▶ Empanadas können entweder mit Ei (siehe Hinweis 2, unten) bestrichen werden und bei ca. 200 °C ungefähr 15 Minuten goldbraun gebacken oder bei 190 °C fritiert werden (1–2 Minuten je Seite). Wenn die Taschen fritiert werden, sollte man darauf achten, daß die Enden des Teiges gut verschlossen sind, denn sonst könnte ein Teil der Füllung in das heiße Fett gelangen.

Hinweis 1: Die Mandeln vor dem Rösten auf einem Backblech gleichmäßig verteilen. Dann bei 180 °C 8–10 Minuten goldbraun rösten.

Hinweis 2: Für das Bestreichen der Teigtaschen 2 Eier mit 3 Eßlöffeln Milch oder Sahne verquirlen. Vor dem Backen die Halbmonde damit bestreichen.

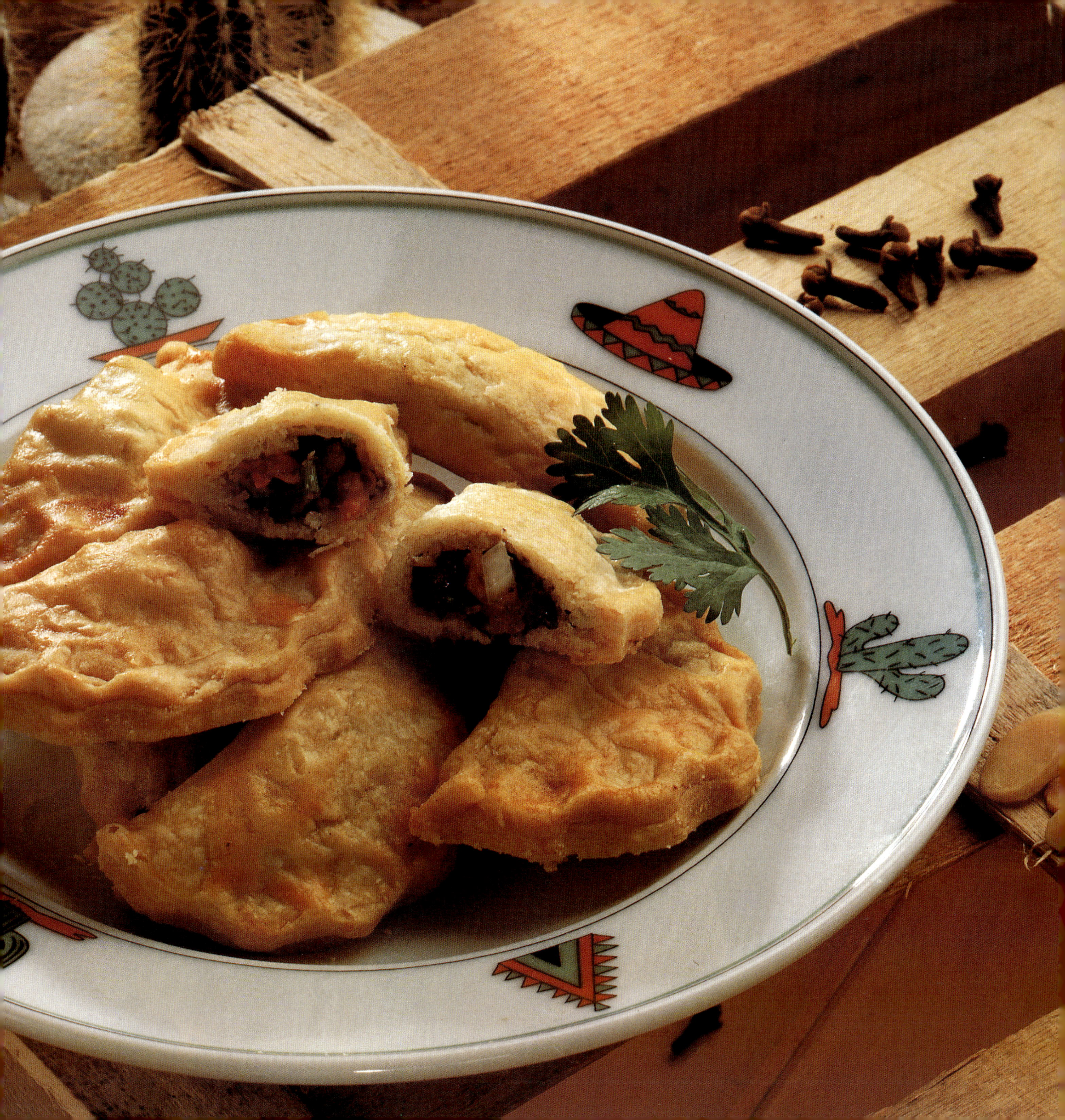

VORSPEISEN

Chili con queso

Für 4–6 Personen

Dieser scharfe Käse-Dip wird mit gerösteten Chillies zubereitet und ist in Texas und New Mexico sehr beliebt. Er wird kochend heiß zu Tortilla-Chips serviert. Der Dip wird relativ fest, und man sollte dicke Chips dazu reichen, da dünne beim Eintauchen in den Käse-Dip leicht zerbrechen. Salsa mit gerösteten Jalapeño-Chillies (Seite 16) verwenden oder die einfachere Version zubereiten.

ZUTATEN

225 g Cheddarkäse
100 g Salsa mit gerösteten Jalapeño-Chillies (Seite 16)

ZUBEREITUNG

▶ Den Ofen auf 180 °C vorheizen. Käse und Salsa mischen und in eine feuerfeste, flache Servierschüssel geben. Ca. 10 Minuten backen, bis der Käse Blasen wirft. Sofort servieren.

▶ Als Alternative eine einfachere Salsa zubereiten. Dazu 8 Jalapeño-Chillies rösten, bis sich deren Haut wölbt und stellenweise verkohlt ist. Die Jalapeños in einen Plastikbeutel geben, verschließen und 10 Minuten ausdampfen lassen. Dann die Haut mit einem scharfen Messer abziehen oder abkratzen und die Stiele abschneiden. Samenkörner und Scheidewände entfernen und die Chillies fein hacken. Mit einer feingehackten Knoblauchzehe und 2 Eßlöffeln Frühlingszwiebeln vermengen.

Tostaditas

Für 6–8 Personen

Tostaditas, auch kleine Tostadas genannt, sind leckere kleine Happen, die mit runden Tortilla-Chips hergestellt werden. Man kann seine eigenen Appetithappen kreieren, sei es mit geschnetzeltem Rind, Hähnchen, Bohnenpüree oder Garnelen. Dazu passen Käse, Oliven, Avocados, Salsa, Frühlingszwiebeln, Jalapeño-Chillies oder andere Zutaten. Sie lassen sich im voraus zubereiten, wenn Gäste kommen, aber nicht zu lange vorher, da die Happen sonst matschig werden können. Natürlich kann man die Füllungen auch ohne Chips servieren. Jeder kann dann seine eigenen Happen zusammenstellen. Hier ein paar Anregungen.

ZUTATEN

275–300 g runde, gewölbte Tortilla-Chips

Mehrere der folgenden Füllungen:
Chorizo-Bohnen-Dip (Seite 53)
Geschnetzeltes Rindfleisch (Lende oder Filet), kurz gebraten oder roh und mit roter Chilisauce (Seite 33) abgeschmeckt
Garnelen, gegart, im Ganzen
Geschnetzelte Hähnchenbrust, kurz gebraten

Eine oder zwei Sorten Käse:
eine rustikale wie Cheddar oder Lancashire, dazu vielleicht noch eine ungewöhnliche Auswahl, bestehend aus Ziegenkäse und Roquefort

Zwei verschiedene Salsas:
ein traditioneller Dip und eine weniger häufig aufgetragene Salsa wie Chipotle-Salsa (Seite 34) oder Rote-Paprika-Salsa (Seite 20)

Einige der folgenden Garnituren runden die Tostaditas ab:
1 oder 2 Sorten Oliven
Streifen von gerösteten roten Paprikaschoten oder Poblano-Chillies
in Ringe geschnittene, frische oder eingelegte Jalapeño-Chillies
feingeschnittene Frühlingszwiebeln
in Würfel geschnittene Avocados
Zweige frischen Korianderkrauts

ZUBEREITUNG

▶ Die verschiedenen Zusammenstellungen auf die Tortilla-Chips geben und servieren.

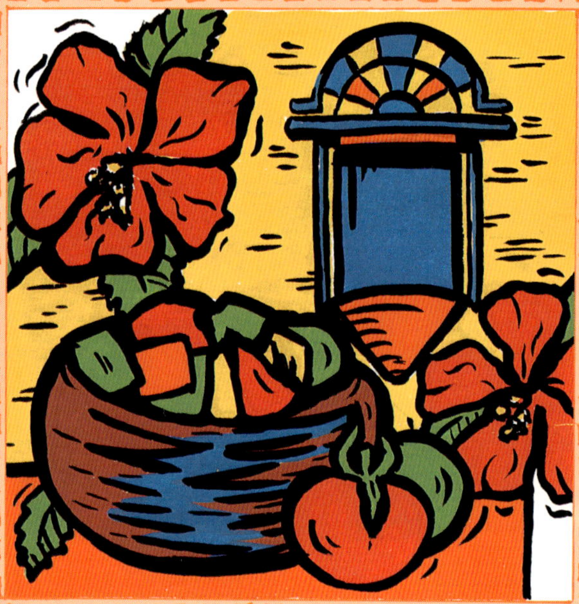

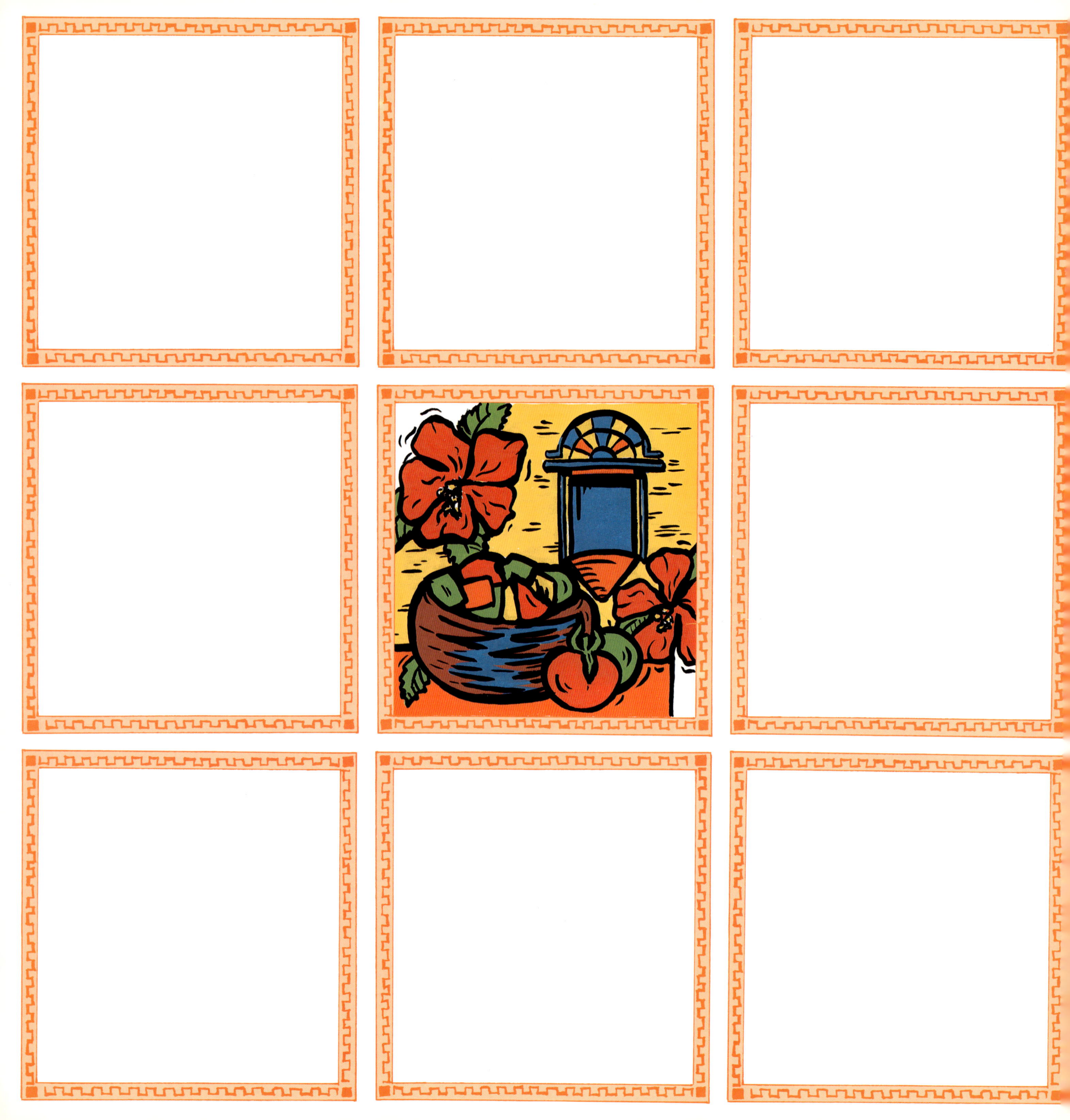

Salate

Avocado-Garnelen-Boote
Salat mit Lachs und Schwarze-
Bohnen-Papaya-Salsa
Tomatensalat mit Olivensalsa
Salat mit Avocados und
Zuckermaissalsa
Salat mit Schwarzaugenbohnen
Salat mit marinierten
Rindfleischstreifen (Fajita)
Jicama-Orangen-Salat
Hähnchen-Reis-Salat

SALATE

Avocado-Garnelen-Boote

Für 4 Personen

Bei diesem Salat wird eine scharfe Fruchtsalsa mit dem kühlen, zarten Geschmack von reifen Avocados kombiniert. Die Avocado-Garnelen-Boote sind eine exzellente Vorspeise für ein mehrgängiges Menü. Die Garnelen können durch Krabbenfleisch ersetzt werden. Die Salsa läßt sich im voraus zubereiten, die Avocados sollten jedoch erst kurz vor dem Servieren geschnitten werden, da das Fruchtfleisch sehr schnell braun wird.

ZUTATEN

100 g Garnelen, gekocht
175 g Mangosalsa (Seite 46) oder Nektarinensalsa (Seite 45)
2 reife, aber feste Avocados

ZUBEREITUNG

▶ Die in kleine Würfel geschnittenen Garnelen mit der Salsa mischen. Die Avocados in Hälften schneiden und den Stein mit Hilfe eines Eßlöffels oder eines Messers herausnehmen. Einen Teil des Fruchtfleisches herauslöffeln, um die durch den Stein entstandene Mulde zu vergrößern. Die Salsa in die Mulde der Avocadohälften geben und servieren.

SALATE

Salat mit Lachs und Schwarze-Bohnen-Papaya-Salsa

Für 4 Personen

Über diesen einfachen Salat gibt man anstelle einer Salatsauce eine exotische Salsa – eine aufregende und ungewöhnliche Kombination.

Zutaten

300 g verschiedene Blattsalate
350–450 g gegrillter Frischlachs
350 g Schwarze-Bohnen-Papaya-Salsa (Seite 46)

Zubereitung

▶ Die Salate putzen und waschen, gut abtropfen lassen und auf vier Tellern verteilen. Den Lachs zerpflücken, dabei heraustretende Gräten entfernen. Die Lachsstücke über den Salattellern verteilen. Die Salsa über die Salate geben und servieren.

SALATE

Tomatensalat mit Olivensalsa

Für 4 Personen

Dieser einfache Salat steht und fällt mit der Wahl der Zutaten: Nehmen Sie ausschließlich vollständig gereifte Tomaten, frischen Büffelmozzarella und frische Basilikumblätter. Hinzu kommt eine Olivensalsa, die aus dieser Salatzubereitung ein leckeres Sommergericht macht.

Zutaten

4 große, reife Tomaten
mehrere frische Basilikumblätter,
100 g frischer Büffelmozzarella,
ca. 175 g Olivensalsa (Seite 22)

Zubereitung

▶ Den Strunk aus den Tomaten und diese in dicke Scheiben schneiden. Die Tomatenscheiben auf vier Salattellern anrichten. Das Basilikum mit kaltem Wasser reinigen und mit einem Küchentuch abtupfen. Dann die Basilikumblätter auf die Tomatenscheiben legen. Den Mozzarella in dünne Scheiben schneiden und auf die Tomaten und das Basilikum legen. Darüber die Olivensalsa geben und servieren.

Für den Verkauf bestimmte Tomaten in Mexiko.

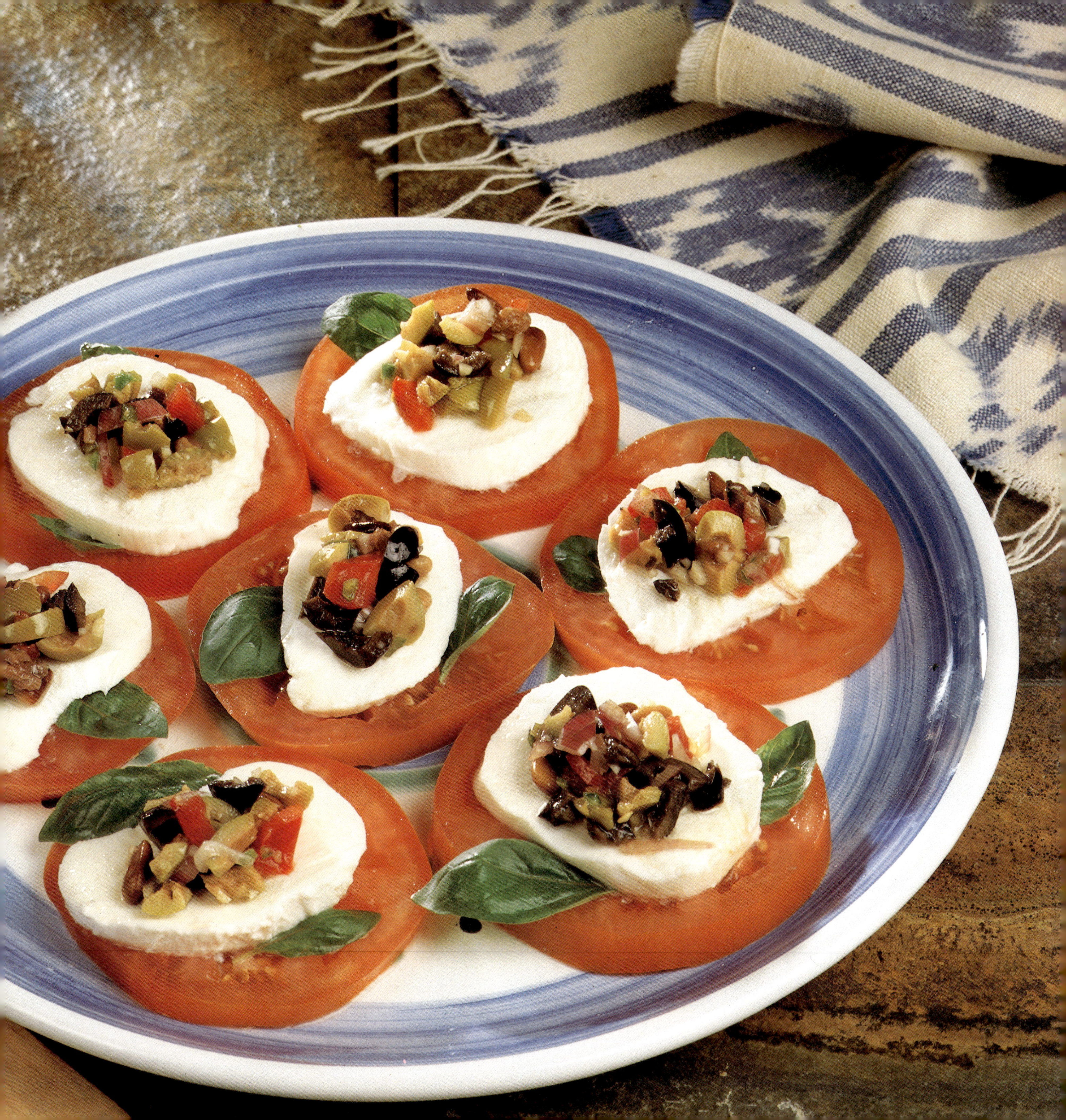

SALATE

Salat mit Avocados und Zuckermaissalsa

Für 8 Personen

Diese ansehnliche und knusprige Salatvariation eignet sich besonders für Picknicks und Grillabende. Sie kann früh am Tag zubereitet werden, nur die Avocados sollten erst im letzten Moment hinzugefügt werden.

ZUTATEN

800 g Zuckermaissalsa (Seite 21)
250 g gekochter Zuckermais, ersatzweise aus der Dose
425 g Kidneybohnen aus der Dose, gespült und abgetropft
1 kleine Zucchini, in kleine Würfel geschnitten
3 Knoblauchzehen, feingehackt
2 EL frisches Korianderkraut
¼ TL Cumin, gemahlen
2 reife Avocados, geschält, entkernt und in Würfel geschnitten

ZUBEREITUNG

▶ Die Salsa mit Mais, Bohnen, Zucchini, Knoblauch, Koriander und Cumin vermengen. Die Avocado erst unmittelbar vor dem Servieren untermengen. Probieren und abschmecken.

SALATE

Salat mit Schwarzaugenbohnen

Für 8 Personen

Dieses schmackhafte Gericht eignet sich besonders für Picknicks und Grillabende. Am besten schmeckt es, wenn es sehr scharf ist. Die Samen der Jalapeño-Chillies also unbedingt mitverwenden. Die Schwarzaugenbohnen haben einen angenehm nussigen Geschmack, können aber auch durch andere Bohnensorten ersetzt werden. Bei diesem Rezept werden Bohnen aus der Dose verwendet. Bleibt genügend Zeit für die Zubereitung, getrocknete Bohnenkerne verwenden, die eingeweicht und dann gekocht werden. Außerdem sind sie geschmacklich den Bohnen aus der Dose vorzuziehen. Man kann den Salat ruhig einige Zeit vor dem Servieren zubereiten, jedoch nicht länger als 12 Stunden.

ZUTATEN

1350 g Schwarzaugenbohnen aus der Dose, mit kaltem Wasser gespült und abgetropft
675 g Salsa Cruda III (Seite 19), nach Belieben mit einem Jalapeño-Chili mehr zubereitet
2 EL Rotweinessig
2 EL Olivenöl
Salz und Pfeffer zum Abschmecken

ZUBEREITUNG

▶ Alle Zutaten miteinander vermengen und mindestens 2 Stunden vor dem Servieren kalt stellen.

SALATE

Salat mit marinierten Rindfleischstreifen (Fajita)

Für 4 Personen

Knackiger Kopfsalat wird mit Fajitafleisch, Avocado und rohem Gemüse angerichtet, dazu eine scharfe Salsa anstatt einer Salatsauce – eine gute Möglichkeit, übriggebliebenes, gegrilltes Rindfleisch von einem Fajita-Grillabend für diesen Salat zu verwenden. Man kann dafür auch gegrilltes Hähnchenfleisch (Seite 110) verwenden, mit Salsa mariniertes Hüftsteak (Seite 109) oder für Fajita gegrilltes Rindfleisch (Seite 98).

ZUTATEN

300 g Romana-Salat oder Kopfsalat
350 g kaltes gegrilltes Fleisch, in Streifen geschnitten
1 Avocado, geschält, entkernt und in kleine Würfel geschnitten
mehrere dünne Scheiben von roten Zwiebeln, in Ringe getrennt
mehrere Radieschen, in dünne Scheiben gehobelt
1 kleine Paprikaschote, in Streifen geschnitten
200 g auf Tomaten basierende Salsa

ZUBEREITUNG

▶ Den geputzten, gewaschenen und gut abgetropften Salat auf vier große Teller verteilen. Darauf das Fleisch, Avocado, Zwiebelringe, Radieschen und Paprikaschote anrichten. Servieren und die Salsa extra dazu reichen.

Jicama-Orangen-Salat

Für 4–6 Personen

Bei diesem Rezept werden knackige, frische Jicamaknollen mit dem intensiven Geschmack der Orangen, dem Biß der Zwiebeln und der Schärfe der Jalapeño-Chillies kombiniert. Der Salat wird mit einer leicht süßlichen Sauce angerichtet, was für einen ungewöhnlichen Geschmack sorgt.

ZUTATEN

3 mittelgroße Orangen
½ mittelgroße rote Zwiebel
175 g Jicamaknollen, geschält und in 1 cm große Würfel geschnitten
Salatsauce (Rezept unten)
Salatblätter

ZUBEREITUNG

▶ Die Orangen schälen und in kleine Stücke schneiden, dabei die Kerne entfernen. Die Zwiebel in dünne Scheiben schneiden und in Ringe trennen. Orangen, Zwiebelringe und Jicamastücke miteinander vermengen, auf den Salatblättern anrichten und die Salatsauce darüber verteilen.

SALATSAUCE

6 EL Olivenöl
3 EL Rotweinessig
2 EL Orangensaft
1 TL Honig
¼ TL Chiligewürzmischung
1 Jalapeño-Chili, mit Samen, feingehackt

ZUBEREITUNG

▶ Alle Zutaten miteinander vermengen, in eine Flasche geben und gut schütteln.

SALATE

Hähnchen-Reis-Salat

Für 4–6 Personen

Man kann diesen Salat als Mittagessen auf einem Bett aus Kopfsalat servieren. Am besten schmeckt er, wenn gegrilltes und mariniertes Hähnchenfleisch (Seite 110) verwendet wird. Gekochtes Hühnerfleisch tut's auch.

ZUTATEN

575 g gekochter weißer Reis
2 Hähnchenbrüste, gekocht und gewürfelt
250 g Salsa Cruda III (Seite 19)
25 g Frühlingszwiebeln, feingeschnitten
40 g Mandelstifte, geröstet (siehe Hinweis)
1 Avocado, geschält, entkernt und gewürfelt
1 EL Rotweinessig
Salz zum Abschmecken

ZUBEREITUNG

▶ Alle Zutaten miteinander vermengen. Probieren und mit Salz abschmecken.

Hinweis: Um die Mandeln zu rösten, die Stifte auf einem kleinen, feuerfesten Backblech verteilen. Bei 180 °C 7–10 Minuten goldbraun rösten.

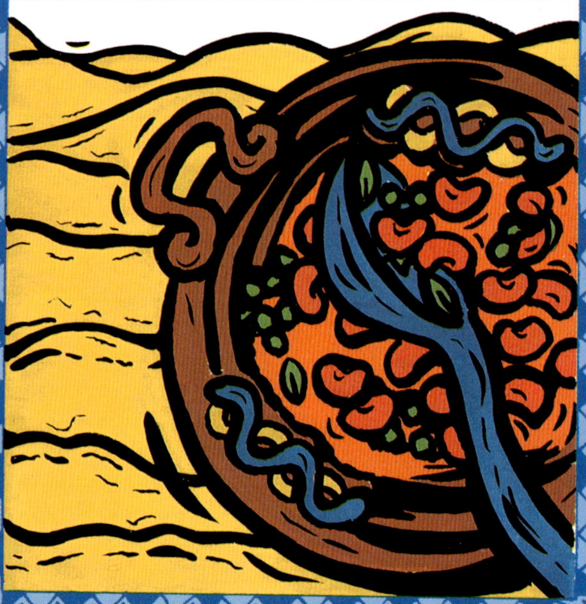

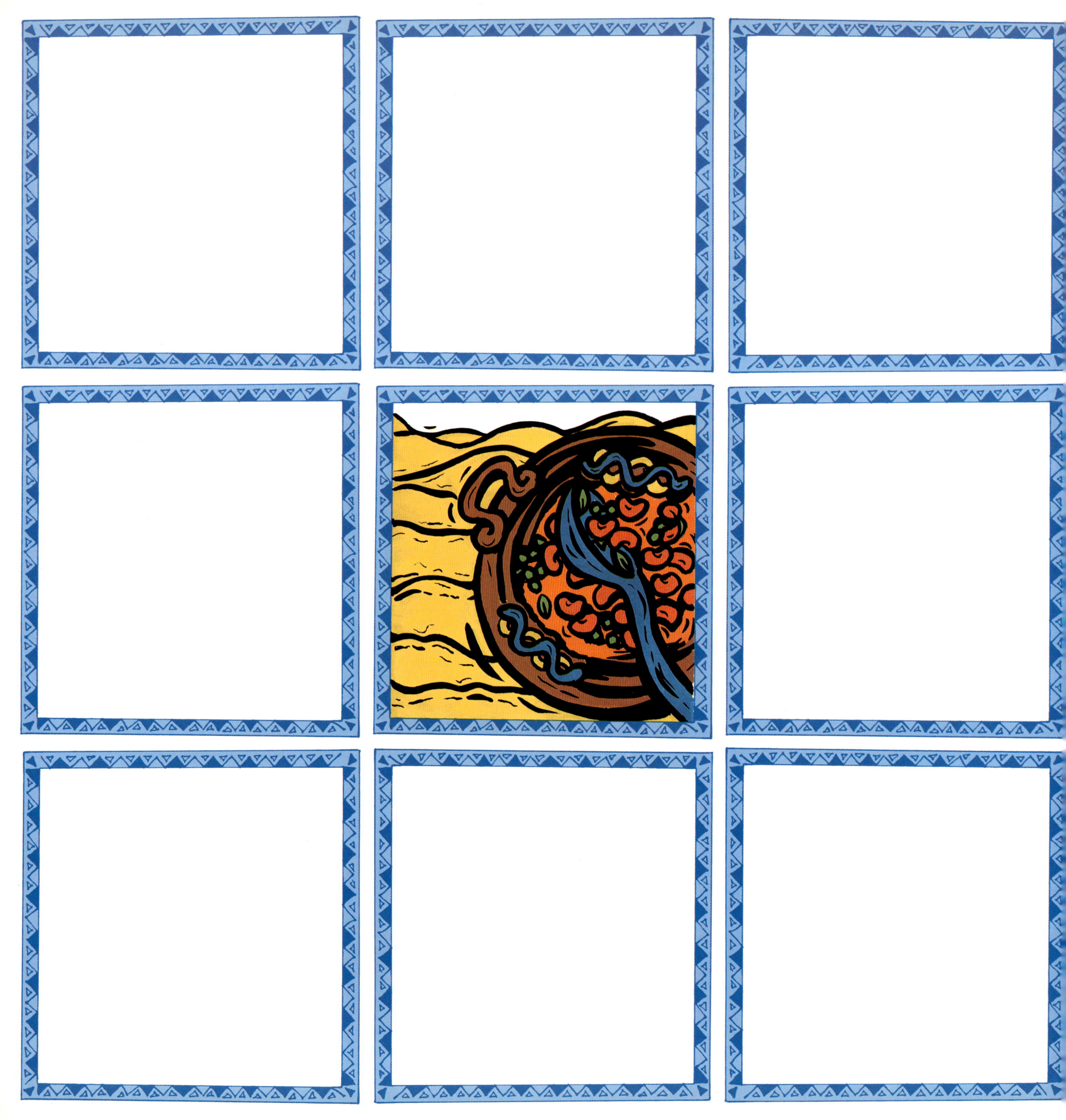

Suppen, Eintöpfe und Bohnengerichte

Avocadosuppe
Tomaten-Basilikum-Suppe mit Rote-Paprika-Salsa
Limonen-Tortilla-Suppe
Pikantes Crab-Chowder mit Mais
Schwarze-Bohnen-Suppe mit Chorizo
Pozole
Suppe aus gegrillten Meeresfrüchten
Rote Bohnen mit Reis
Feijoada

Avocadosuppe

Für 4 Personen

An einem warmen Sommertag ist diese einfache und kalt zubereitete Suppe ein reines Vergnügen. Vergewissern Sie sich, daß die Avocados reif, aber nicht überreif sind, denn in dieser Suppe entfalten sie viel eigenes Aroma. Sie wird gekühlt serviert, mit etwas Salsa als Garnierung. Mindestens 2 Stunden, jedoch nicht mehr als 8 Stunden vor dem Servieren zubereiten, sonst geht der Geschmack verloren.

Zutaten

3 reife Avocados
300 ml Hühnerbrühe
250 ml Sahne
1 TL Salz
¼ TL Cayennepfeffer
175 g Gurkensalsa (Seite 20) oder
Salsa Cruda III (Seite 19)

Zubereitung

▶ Alle Zutaten außer der Salsa in der Küchenmaschine oder im Mixer fein pürieren. Mindestens 2 Stunden kühl stellen. Gut durchrühren, damit die dunkle Schicht auf der Oberfläche verschwindet, und mit Salsa garnieren.

Tomaten-Basilikum-Suppe mit Rote-Paprika-Salsa

Für 4 Personen

Eine köstliche Suppe an warmen Tagen im Spätsommer, wenn der Garten Tomaten im Überfluß trägt. Verwenden Sie keine harten, blassen Treibhaustomaten aus dem Supermarkt, denn dieses Rezept baut auf das süße Aroma reifer Tomaten. Die Suppe am besten morgens zubereiten und den Tag über kühlen. Wenn Sie es gerne schärfer mögen, nehmen Sie statt Rote-Paprika-Salsa eine Salsa mit gerösteten Jalapeño-Chillies (Seite 16).

Zutaten

2 Knoblauchzehen, zerdrückt
5 EL frisches Basilikum, gehackt
½ TL frischgemahlener schwarzer Pfeffer
3 EL kaltgepreßtes Olivenöl
1,75 kg reife Tomaten
250 ml Hühnerbrühe
1 EL Balsamico
½ TL Salz
etwa 75 g Rote-Paprika-Salsa

Zubereitung

▶ Knoblauch, 1 Eßlöffel Basilikum, Pfeffer und Olivenöl in einer kleinen Schüssel verrühren. Ziehen lassen, während man die Tomaten zubereitet.

▶ Die Tomaten etwa 40 Sekunden in kochendem Wasser überbrühen. Kurz abkühlen lassen, dann die Haut abziehen. In zwei Hälften zerteilen und die Samen herausquetschen. Den Strunk entfernen und fein hacken.

▶ Tomaten, Hühnerbrühe und Knoblauch-Öl-Mischung in einer mittelgroßen Pfanne zum Kochen bringen. Die Hitze reduzieren und etwa 1 Stunde ohne Deckel köcheln lassen. Restliches Basilikum, Balsamico und Salz unterrühren. Die Suppe pürieren, abschmecken und bis zum Servieren kühl stellen.

▶ 1–2 Eßlöffel Rote-Paprika-Salsa auf jeden Teller Suppe geben und leicht unterrühren.

SUPPEN, EINTÖPFE UND BOHNENGERICHTE

Limonen-Tortilla-Suppe

Für 4 Personen als Hauptgericht

In Abwandlung einer traditionellen mexikanischen Suppe wird bei diesem Rezept Hühnerbrühe mit Limonensaft und Salsa abgeschmeckt, über Tortilla-Chips und Hühnerfleischwürfel gegossen und mit geriebenem Käse garniert. Damit die Suppe die nötige Schärfe erhält, sollten Sie bei der Zubereitung der Salsa unbedingt einige Jalapeño-Samen verwenden. Am besten wird das Hühnchen in Limonensaft, Olivenöl und Knoblauch mariniert und dann gegrillt, aber die Suppe schmeckt auch mit gekochtem, gedünstetem oder gebratenem Huhn. Man kann gekaufte Tortilla-Chips verwenden, doch selbstgemachte, aus fritierten und in Streifen geschnittenen Tortillas schmecken natürlich weitaus besser.

ZUTATEN

250 g Salsa Cruda I (Seite 18)
1 l Hühnerbrühe
2 Tortillas
2-3 EL Pflanzenöl
2 gegarte Hühnerbrusthälften, zerkleinert
2 El frischer Limonensaft
Salz
geriebener Cheddarkäse oder
mexikanischer Hartkäse zum Garnieren

ZUBEREITUNG

▶ Die Tortillas auf die Größe von Chips zurechtschneiden. Das Öl in einer Pfanne bis kurz vor dem Siedepunkt erhitzen und die Tortillastreifen portionsweise in 1-2 Minuten knusprig fritieren. Auf Küchenpapier abtropfen lassen.

▶ Salsa und Hühnerbrühe in einen großen Topf gießen. Zum Kochen bringen, die Hitze reduzieren und zugedeckt 15 Minuten köcheln lassen. In der Zwischenzeit Tortilla-Chips und Hühnerfleisch auf vier Teller verteilen.

▶ Die Suppe im Mixer oder in der Küchenmaschine pürieren, in den Topf zurückgießen und mit Limonensaft und Salz abschmecken. Nochmals 2 Minuten köcheln lassen, damit sich die Aromen richtig entfalten können. Auf die Teller verteilen, mit Käse bestreuen und sofort servieren.

Pikantes Crab-Chowder mit Mais

Für 6 Personen

Für dieses äußerst leckere Rezept wird Salsa aus geröstetem Zuckermais mit Hühnerbrühe, Sahne und Krebsfleisch zu einer herzhaften Cremesuppe verkocht, die Sie sicherlich auf Anhieb ins Herz schließen werden. Verwenden Sie frisches Krebsfleisch – man schmeckt den Unterschied zu Krebsfleisch aus der Dose. Wer es schärfer mag, läßt einige Samen in der Jalapeño-Salsa oder gibt etwas Jalapeño oder Samen mit in die Suppe.

ZUTATEN

2 EL Butter
1 kleine Zwiebel, gehackt
750 ml Hühnerbrühe
575 g Salsa aus geröstetem Zuckermais (Seite 29)
250 ml Crème fraîche
½ TL Salz
½ TL weißer Pfeffer
250 ml Sauerrahm
225 g frisches Krebsfleisch, gekocht
1 EL frischer Koriander, gehackt
2 Frühlingszwiebeln, gehackt

ZUBEREITUNG

▶ Die Butter in einer großen, schweren Pfanne erhitzen und die Zwiebeln 5 Minuten weich dünsten. Hühnerbrühe und Salsa aus geröstetem Zuckermais zugeben. Die Suppe zum Kochen bringen, dann die Hitze reduzieren und bei leicht geöffnetem Deckel 20 Minuten köcheln lassen.

▶ Crème fraîche, Salz und Pfeffer zugeben. Die Suppe erneut zum Kochen bringen, Sauerrahm und Krebsfleisch unterrühren. Die Hitze sofort herunterschalten, sonst gerinnt der Sauerrahm. Die Suppe auf die Teller verteilen und mit Koriander und Frühlingszwiebeln garnieren.

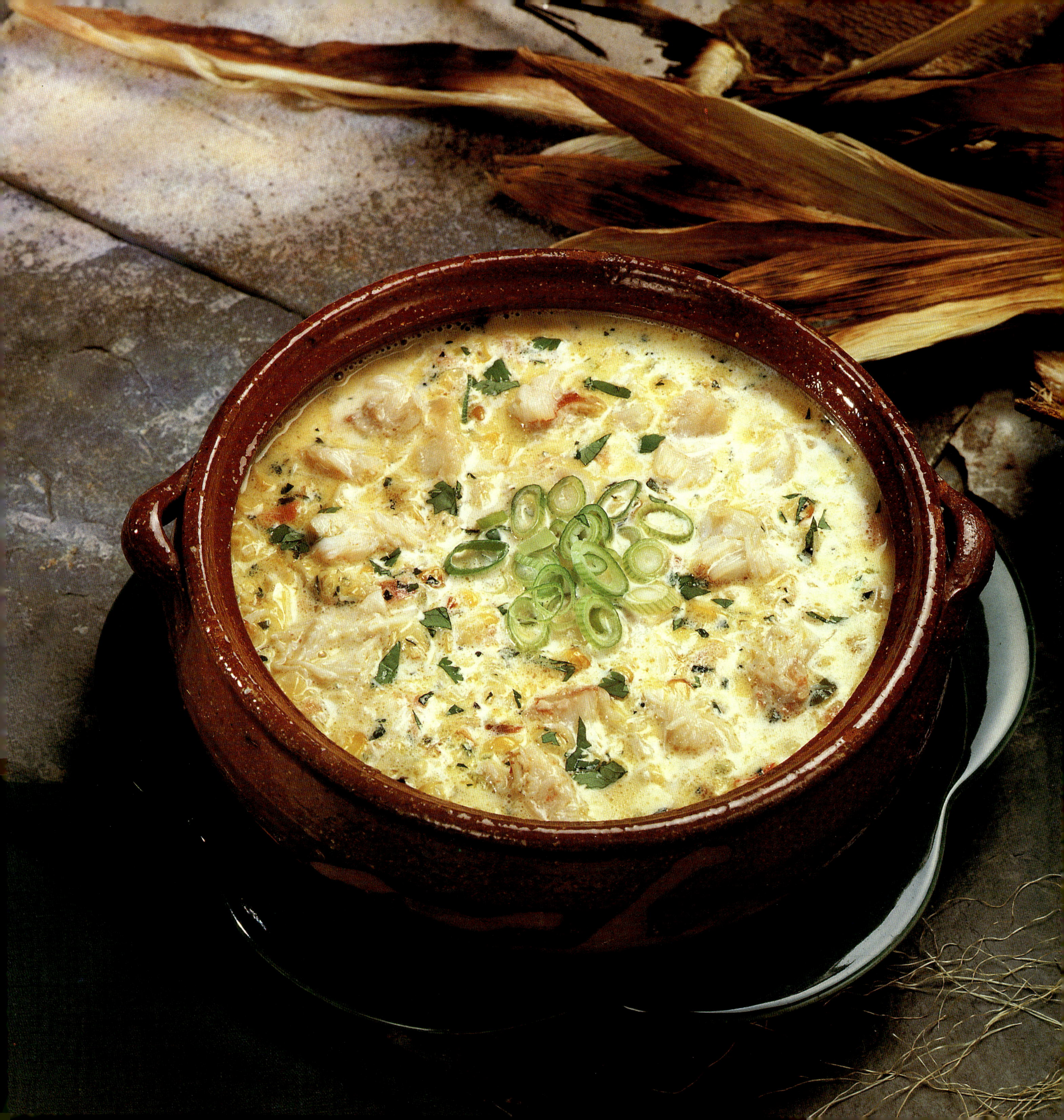

Schwarze-Bohnen-Suppe mit Chorizo

Für 6 Personen

Diese Suppe entwickelt schon vor der Zugabe der Salsa enorm viel Aroma. Ein Teil der Schärfe stammt von der Chorizo-Wurst. Nachdem diese Wurst jedoch überall anders schmeckt, muß man gegebenenfalls nachwürzen, vielleicht mit etwas Cumin. Die Chorizo-Wurst können Sie durch eine scharfe Paprikawurst ersetzen. Die Suppe kann auch püriert werden.

Zutaten

350 g getrocknete schwarze Bohnen
1 ½ l Hühnerbrühe
2 große Tomaten, gehäutet, ohne Kerne
1 EL Rotweinessig
2 Ancho-Chillies
450 g Chorizo-Wurst
2 mittelgroße Zwiebeln, gehackt
2 Stangensellerie, gewürfelt
3 Knoblauchzehen, zerdrückt
2-3 TL Salz
½ TL Pfeffer
½-2 TL Cumin
200 g Salsa Cruda I oder III (Seiten 18-19)
Sauerrahm, zum Garnieren (nach Belieben)

Zubereitung

▶ Die Bohnen verlesen, Steinchen aussortieren und in einen großen Topf mit 1 ½ Liter Wasser geben. Zum Kochen bringen, 2 Minuten kochen lassen, Deckel auflegen und Herd ausschalten. 1 Stunde stehen lassen. Die Bohnen abgießen und abtropfen lassen, in den Topf zurückgeben und mit Hühnerbrühe aufgießen. ½ l Wasser, Tomaten und Essig zugeben, alles zum Kochen bringen, die Hitze reduzieren und ohne Deckel 1-1 ½ Stunden köcheln lassen, bis die Bohnen die Flüssigkeit vollständig aufgesogen haben und weich sind.

▶ In der Zwischenzeit die Ancho-Chillies halbieren, Stielansätze und einige Kerne entfernen. Die Chillies in eine kleine, hitzebeständige Schüssel geben, mit 6 Eßlöffeln kochendem Wasser begießen und quellen lassen. Dabei ein- oder zweimal umrühren, damit alle Chilihälften gleichmäßig quellen. Nach 30 Minuten abgießen und die Chillies mit weiteren 6 Eßlöffeln Wasser im Mixer oder in der Küchenmaschine pürieren. Das Püree zu den Bohnen geben.

▶ Die Wurst pellen, in eine Bratpfanne krümeln und braten, bis das gesamte Fett geschmolzen ist. Die Pfanne kippen, damit sich das Fett am Rand sammelt, und die Wurst mit einem Schaumlöffel herausnehmen und zu den Bohnen geben.

▶ Das Fett bis auf 1 Eßlöffel abgießen. Zwiebeln und Sellerie darin 5 Minuten weich dünsten. Knoblauch zugeben und 1 weitere Minute mitdünsten. Alles zu den Bohnen geben.

▶ Wenn die Bohnen weich sind, mit Salz, Pfeffer und eventuell Cumin abschmecken. 2 Minuten weiterköcheln lassen, damit sich die Aromen entfalten können. Falls gewünscht, Suppe portionsweise pürieren. (Bis zu diesem Schritt kann die Suppe auch im voraus zubereitet und kühl gestellt werden.) Pürierte Suppe rasch wieder aufwärmen, auf Teller verteilen und mit Salsa und (nach Belieben) Sauerrahm garnieren.

Pozole

Für 8 Personen als Hauptgericht

Pozole ist ein lange vor sich hin köchelnder Schweinefleischeintopf mit Maisbrei, der schon vor vielen hundert Jahren bei den mexikanischen und amerikanischen Indianern des Südwestens zubereitet wurde. Ursprünglich verwendete man getrockneten Maisbrei und Fleischbrühe aus Schweinefüßen. Nun ist getrockneter Maisbrei meist schwer erhältlich und bei vielen Menschen stehen Schweinefüße heutzutage nicht besonders hoch im Kurs. Deshalb und der Einfachheit halber verwenden wir hier Maisbrei aus der Dose und Suppenknochen vom Nacken, aber auch andere Schweineknochen sind denkbar. In diesem Rezept wird Pozole als Hauptgericht vorgestellt; ohne das gewürfelte Schweinefleisch kann man es aber auch als Vorspeise oder als Beilage servieren. Mit Gurkensalsa oder Salsa Cruda II servieren.

Zutaten

1 mittelgroße Zwiebel, gehackt
4 EL Pflanzenöl
3 Knoblauchzehen, zerdrückt
1 ½ l Hühnerbrühe
450 g Suppenknochen vom Schweinenacken
2 Ancho-Chillies
2 getrocknete California-Chillies
3 EL Mehl
1 TL Salz
1 TL Senfpulver
2 TL getrockneter Oregano
2 TL Cumin
½ TL Cayennepfeffer
½ TL schwarzer Pfeffer
1,5 kg Schweinefleisch, in mundgerechte Stücke zerteilt
700 g Maisbrei aus der Dose
450 g Gurkensalsa (Seite 20) oder
Salsa Cruda II (Seite 18)

Zubereitung

▶ In einem großen Topf die Zwiebel in 1 Eßlöffel Öl 5 Minuten dünsten. Knoblauch 1 Minute mitdünsten, dann Suppenknochen und Hühnerbrühe zugeben. Den Flüssigkeitsstand merken und den Topf mit ½ l Wasser auffüllen. Wenn der Flüssigkeitsstand während des Kochens unter diese Marke fällt, mehr Wasser zugeben. Den Eintopf zum Kochen bringen, die Hitze reduzieren und 2 Stunden ohne Deckel köcheln lassen.

▶ In der Zwischenzeit die Chillies halbieren und die Kerne entfernen. Die Chilihälften in eine kleine hitzebeständige Schüssel geben und mit 6 Eßlöffeln kochendem Wasser übergießen. 20 Minuten quellen lassen, dabei gelegentlich umrühren. Die Chillies mit dem Wasser im Mixer pürieren und zum köchelnden Eintopf geben.

▶ Nach 2 Stunden Kochzeit den Eintopf vom Herd nehmen und die Knochen herausnehmen. Brühe und Knochen abkühlen lassen, falls Sie dafür Zeit haben. Fett von der Brühe abschöpfen und den Topf wieder auf den Herd stellen. Das Fleisch von den Knochen lösen und wieder in den Eintopf geben.

Mehl, Salz, Senfpulver, Oregano, Cumin, Cayenne- und schwarzen Pfeffer mischen. Gewürfeltes Schweinefleisch darin wälzen, bis es von allen Seiten gleichmäßig überzogen ist. Die Fleischstücke im restlichen Öl rasch goldbraun braten und in den Eintopf geben. Alles zum Kochen bringen, die Hitze reduzieren und 20 Minuten ohne Deckel köcheln lassen. Den Maisbrei zugeben und weitere 10 Minuten köcheln lassen.

▶ Den Eintopf abschmecken, gegebenenfalls nachsalzen. Pozole in große Schüsseln verteilen und mit Gurkensalsa oder Salsa Cruda II servieren.

Ocatlán-Markt in Mexiko.

SUPPEN, EINTÖPFE UND BOHNENGERICHTE

Suppe aus gegrillten Meeresfrüchten

Für 4 Personen

In dieser fettarmen Suppe verbinden sich die Aromen von gegrillten Meeresfrüchten und feuriger Salsa. Wir verwenden Shrimps und Kammuscheln, Sie können aber auch andere gegrillte Meeresfrüchte oder Fische verarbeiten. Auf die Größe kommt es nicht an (ganz kleine Shrimps sollte man allerdings nicht verwenden), aber kleine Teile fallen leicht durch den Grillrost. Auch die Salsa können Sie variieren – es eignen sich alle cremigen Tomatensalsas. Nur einigermaßen scharf sollten sie sein.

Zutaten

350 g Shrimps, geschält, ohne Kopf und Darmstrang
350 g Kammuscheln
3 EL Olivenöl
3 El frisch gepreßter Limonensaft
3 Knoblauchzehen, zerdrückt
1 EL Pflanzenöl
300 g Grundzubereitung für gekochte Salsas (Seite 32)
1 ½ l Muschel- oder Fischfond
1 EL frisches oder 1 TL getrocknetes Basilikum
1 TL frischer oder ½ TL getrockneter Thymian
3 dicke Zwiebelscheiben, in Ringe zerteilt
½ Paprikaschote, in Stücke geschnitten
1 oder 2 Jalapeño-Chillies, in dünne Ringe geschnitten
Salz und Pfeffer

ZUBEREITUNG

▶ Die Meeresfrüchte in eine Plastik- oder Keramikschüssel geben. Olivenöl, Limonensaft und Knoblauch vermischen, über die Meeresfrüchte gießen und gut verteilen. Die Meeresfrüchte kühl stellen, während Sie sich um das Grillfeuer kümmern. Wenn Sie sie auf Spieße stecken (Holzspieße 30 Minuten in Wasser einweichen, damit sie nicht verbrennen) oder ein spezielles Blech für Kleinteile verwenden, tun Sie sich beim Grillen viel leichter.

▶ Kohlen im Grill aufhäufen, anzünden und nach etwa 30–40 Minuten, wenn sie gleichmäßig durchgeglüht sind, ausbreiten. Die Meeresfrüchte auf dem geölten Rost oder Blech 2–3 Minuten je Seite grillen (sie müssen nicht vollständig gar werden, weil sie noch in der Suppe ziehen, sollten aber Farbe und Geschmack bekommen). Bei größeren Stücken die Meeresfrüchte mundgerecht zuschneiden.

▶ Das Pflanzenöl in einer großen Pfanne erhitzen und die Salsa 5 Minuten anbraten. Muschel- oder Fischfond angießen, Kräuter zugeben. Alles zum Kochen bringen, die Hitze reduzieren und bei leicht geöffnetem Deckel köcheln lassen. Nach 15 Minuten Zwiebelringe, Paprika und Jalapeño-Chillies hineingeben und 3–4 Minuten mitköcheln lassen. Die Meeresfrüchte hineingeben und nochmals 1–2 Minuten mitköcheln. Mit Salz und Pfeffer abschmecken.

Eine Auswahl an frischem Fisch.

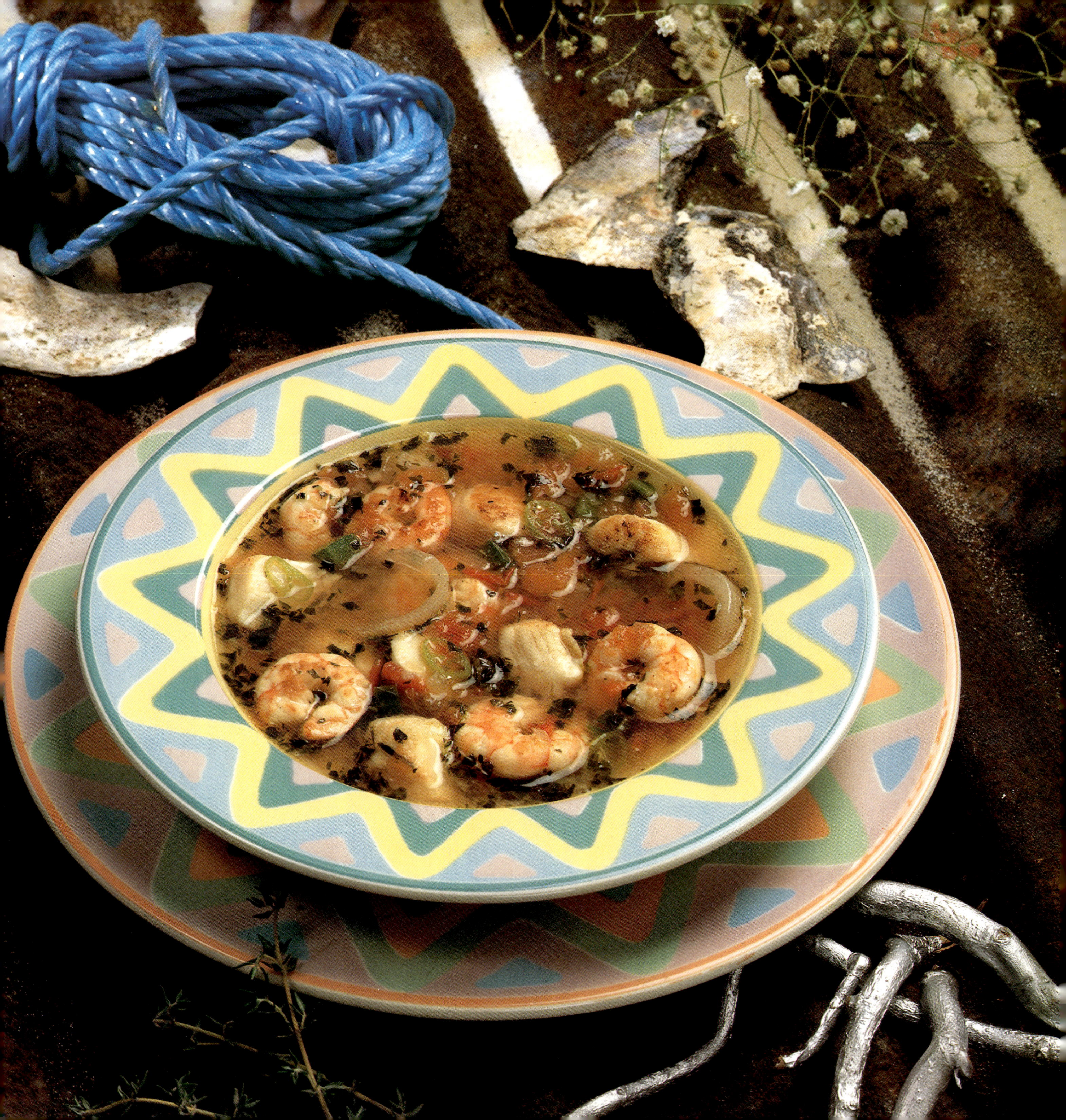

SUPPEN, EINTÖPFE UND BOHNENGERICHTE

Rote Bohnen mit Reis

Für 6–8 Personen

Rote Bohnen, lange gekocht und scharf gewürzt, sind von Zentralamerika über die Karibik bis nach New Orleans ein Grundnahrungsmittel. In diesem Rezept für ein Hauptgericht verwenden wir Schweinefleischreste, es eignen sich aber auch Wurststückchen oder gegrillte Rinderbrust. Garniert wird mit roh zubereiteter Salsa für die nötige Schärfe und Farbe.

ZUTATEN

350 g getrocknete Kidney-Bohnen
2-3 EL Pflanzenöl
1 große Zwiebel, gehackt
2 Stangensellerie, gewürfelt
3 Knoblauchzehen, zerdrückt
300 g gegartes Schweinefleisch (gewürfelter Schinken oder kleingeschnittene Haxe, gegrilltes oder gebratenes Schweinefleisch in kleinen Stücken)
2 Lorbeerblätter
1 TL Cumin
½ TL Pfeffer
1-2 TL Salz
800 g gekochter Reis
350 g Salsa Cruda I (Seite 18) oder Salsa Cruda III (Seite 19)
Sauerrahm (nach Belieben)

ZUBEREITUNG

▶ Die Bohnen verlesen, Steinchen oder andere Verunreinigungen aussortieren und über Nacht in einem Topf mit Wasser einweichen. Man kann die Bohnen auch 2 Minuten kochen lassen, den Herd ausschalten und 1 Stunde quellen lassen.

▶ Die Bohnen abgießen, abtropfen lassen und in den Topf zurückgeben. Topf bis 5 cm über den Bohnen mit Wasser auffüllen und alles zum Kochen bringen. In der Zwischenzeit das Öl in einer Pfanne erhitzen und darin Zwiebeln und Sellerie 5 Minuten dünsten. Knoblauch zufügen und 2 Minuten mitdünsten, dann zusammen mit Schweinefleisch, Lorbeerblättern, Cumin und Pfeffer zu den Bohnen geben. Die Hitze reduzieren und die Bohnen in 1-1 ½ Stunden weich kochen. Gelegentlich kontrollieren, ob die Bohnen genügend Flüssigkeit haben. Abschmecken und salzen.

▶ Auf Reis mit Salsa und einem Klecks Sauerrahm servieren.

Feijoada

Für 6–8 Personen

Feijoada ist ein brasilianisches Eintopfgericht aus Schweinefleisch und schwarzen Bohnen, zu dem traditionellerweise Reis und Gemüse gegessen werden. Linguica, eine pikante portugiesische Wurst, verleiht ihm den besonderen Pfiff.

Zutaten

350 g getrocknete schwarze Bohnen
450 g Schweinelende, in 2 cm große Würfel geschnitten
Salz und Pfeffer
350 g Knoblauchsalsa (Seite 35)
2 EL frisch gepreßter Zitronensaft
4 EL Olivenöl
450 g Linguica-Wurst, in 1 cm dicke Scheiben geschnitten

Zubereitung

▶ Die Bohnen verlesen, Steinchen oder andere Verunreinigungen aussortieren und über Nacht in einem Topf mit Wasser einweichen. Man kann die Bohnen auch 2 Minuten kochen lassen, den Herd ausschalten und 1 Stunde quellen lassen.

▶ Das Fleisch in einer Plastik- oder Keramikschüssel mit Salz und Pfeffer würzen. Die Hälfte der Knoblauchsalsa mit Zitronensaft und 2 Eßlöffeln Öl mischen, unter die Fleischstücke heben und 30 Minuten marinieren. Die Salsa abgießen und aufbewahren. Das restliche Öl in einer großen Pfanne erhitzen und das Fleisch darin 6–8 Minuten anbraten, bis es Farbe angenommen hat. Nicht ganz durchbraten.

▶ Die Bohnen abgießen, abtropfen lassen und in einen großen Topf geben; bis 2,5 cm über die Bohnen mit Wasser auffüllen. Zum Kochen bringen, die Hitze reduzieren und ohne Deckel köcheln lassen. Gegebenenfalls mehr Wasser zugießen.

▶ Schweinefleisch, restliche Salsa, verbliebene Marinade und die Linguica-Wurst zu den Bohnen geben. 1–1 ½ Stunden weiterköcheln lassen, bis die Bohnen die Flüssigkeit fast aufgesogen haben und weich sind. Abschmecken und eventuell nachsalzen. Auf Suppenteller verteilen und servieren.

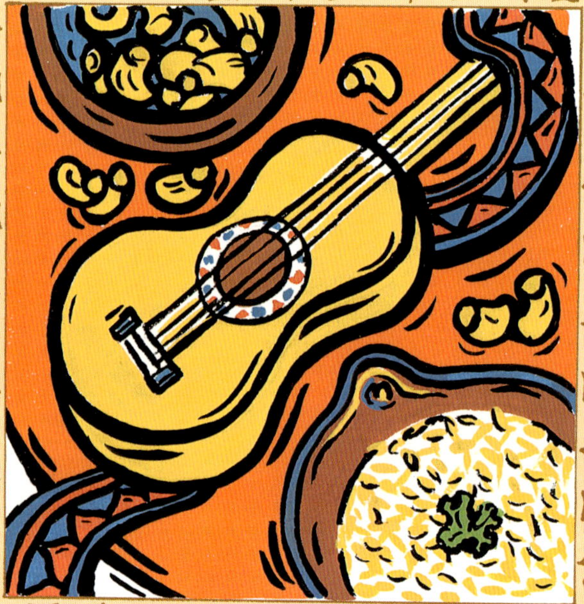

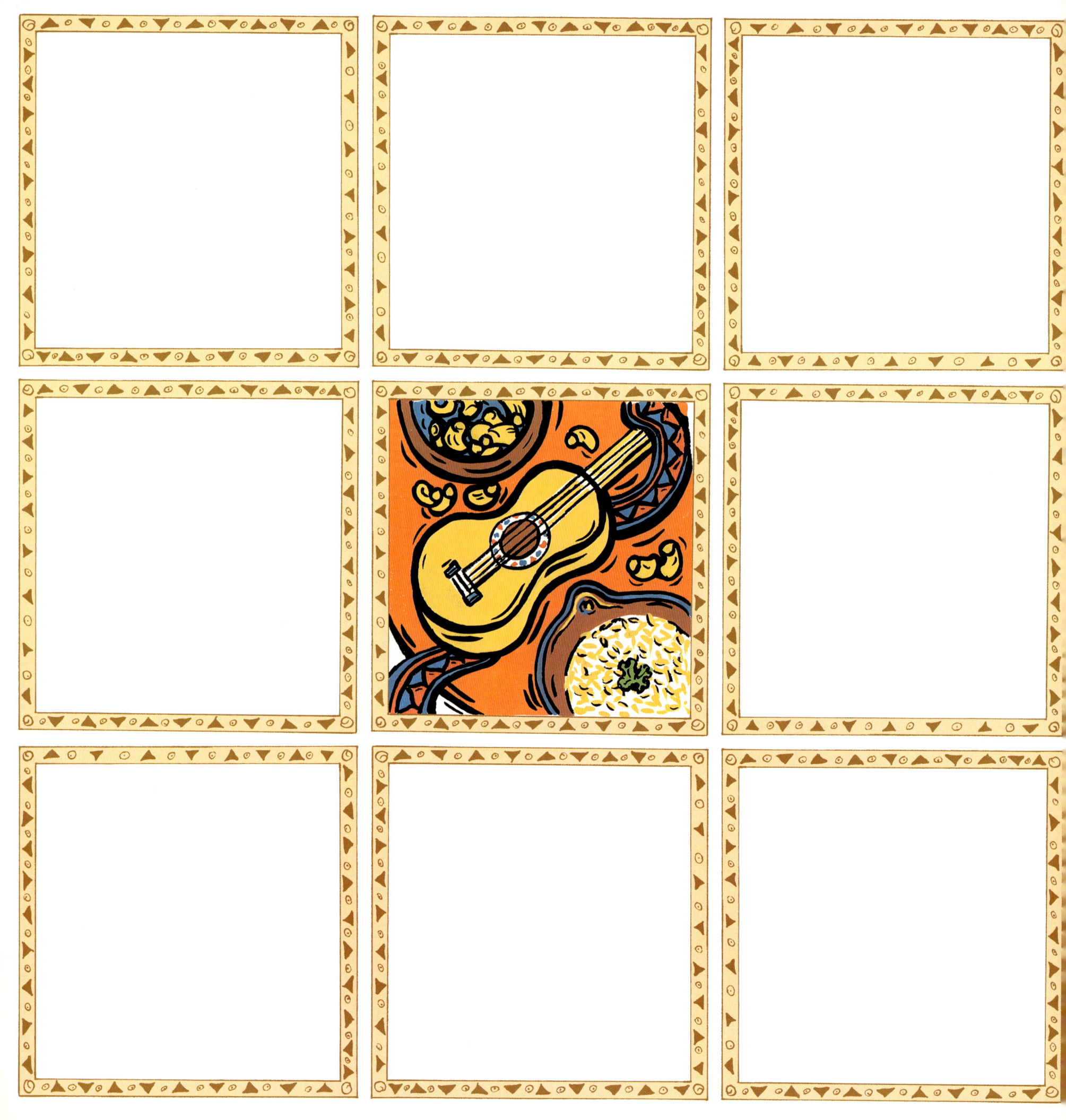

Reis, Nudeln und Beilagen

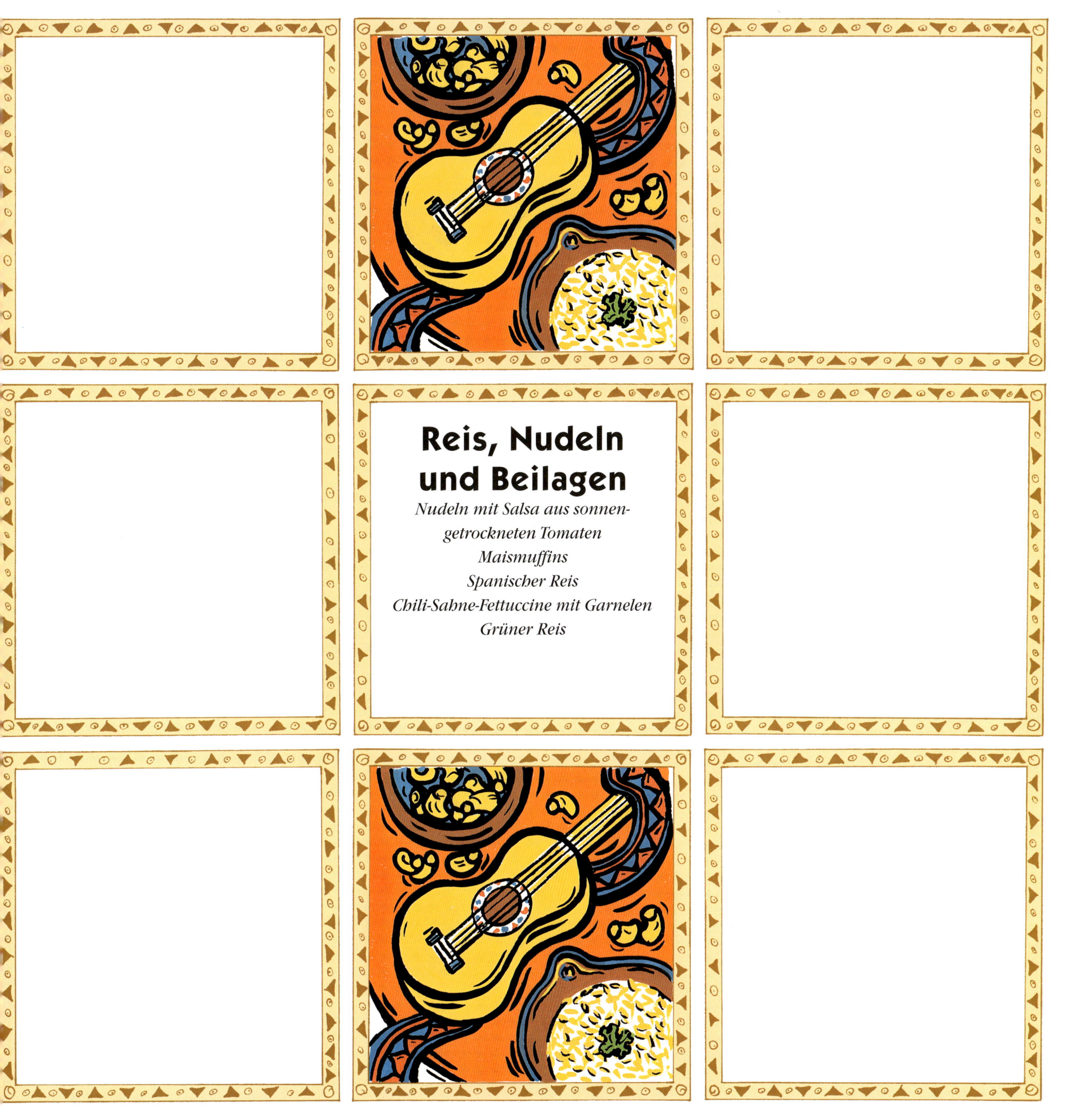

*Nudeln mit Salsa aus sonnen-
getrockneten Tomaten*

Maismuffins

Spanischer Reis

Chili-Sahne-Fettuccine mit Garnelen

Grüner Reis

REIS, NUDELN UND BEILAGEN

Nudeln mit Salsa aus sonnengetrockneten Tomaten

Für 4 Personen als Vorspeise

Für sich allein wäre der kräftige Geschmack dieser Salsa zu intensiv. Mit Nudeln vermischt, geht sie jedoch mit diesen eine geschmacklich harmonische Verbindung ein.

ZUTATEN

3 EL Olivenöl
6 Knoblauchzehen, zerdrückt
1 TL getrocknete Chillies, zerbröselt
1 roter Paprika, entkernt und geviertelt
100 g sonnengetrocknete Tomaten, in Öl eingelegt
1 EL frisches Basilikum, gehackt
4 Scheiben gekochter Speck, gewürfelt
50 g schwarze Oliven, in Streifen geschnitten
350–450 g Nudeln
geriebener Parmesan

ZUBEREITUNG

▶ Das Öl in einer kleinen Pfanne nicht allzu heiß werden lassen. Knoblauch und Chillies langsam unter häufigem Rühren 5–8 Minuten andünsten, bis der Knoblauch leicht gebräunt ist, dabei den Saft aus dem Knoblauch drücken. Die Hitze niedrig halten, sonst verbrennt der Knoblauch und wird bitter. Die Pfanne vom Herd nehmen und das Ganze ziehen lassen, während man die anderen Zutaten zubereitet.

▶ Den Paprika mit der Haut nach unten über einen Kohlengrill oder mit der Haut nach oben unter den Elektrogrill legen, bis sich die Haut dunkel färbt. In eine Plastiktüte geben und 10 Minuten ziehen lassen. Die Haut abziehen und den Paprika fein hacken.

▶ Die Tomaten hacken und mit Basilikum, Speck, der Knoblauch-Chili-Mischung, Paprika und Oliven in eine Schüssel geben. Die Nudeln in reichlich Salzwasser al dente kochen. Abgießen und sofort mit der Salsa vermischen. Mit Parmesan bestreut servieren.

Maismuffins

Ergibt 12–18 Muffins

Durch die Zuckermaissalsa werden diese Muffins zu einer pikanten Delikatesse. Sie passen vorzüglich zu Salaten, Suppen, Eintöpfen und Chillies. Dieses Rezept ergibt etwa 12 Muffins; es werden mehr, wenn Sie die Förmchen nur zu zwei Dritteln mit Teig füllen.

ZUTATEN

200 g Maismehl
50 g Weizenmehl
1 TL Salz
2 TL Backpulver
1 TL Hausnatron
1 EL Zucker
3 Eier, leicht verquirlt
75 g zerlassene Butter
etwa 275 ml Buttermilch
350 g Zuckermaissalsa (Seite 21)

ZUBEREITUNG

▶ Den Ofen auf 220 °C vorheizen. Muffin-Förmchen leicht einfetten.

▶ Alle trockenen Zutaten in einer großen Schüssel mischen. In einer kleineren Schüssel Eier, Butter und 250 ml Buttermilch verrühren, über die trockenen Zutaten gießen und zu einem dickflüssigen Teig verarbeiten. Größere Mehlklumpen mit dem Schneebesen auflösen. Salsa unterrühren. Der Teig sollte dickflüssig sein, gegebenenfalls mehr Buttermilch zugießen. Für größere Muffins Förmchen bis unter den Rand mit Teig füllen, für kleinere die Förmchen nur zu zwei Dritteln füllen.

▶ Je nach Größe 18–24 Minuten backen, bis die Muffins oben leicht gebräunt sind. Garprobe machen: Mit einem Messer in die Mitte der Muffins stechen. Sie sind gar, wenn beim Herausziehen kein Teig kleben bleibt.

REIS, NUDELN UND BEILAGEN

Spanischer Reis

Für 6–8 Personen

Wir stellen hier eine schärfere Variante von spanischem Reis vor, als man ihn gewöhnlich zu mexikanischen Gerichten serviert bekommt. Um ihren Geschmack zu entfalten, werden die Kräuter und Gewürze zunächst kurz angebraten. Erst dann kommt der Reis hinzu, der in Wasser und Salsa fertiggegart wird.

ZUTATEN

3 EL Pflanzenöl
1 TL Chilipulver
½ TL Cumin
½ TL getrockneter Oregano
2 Knoblauchzehen, zerdrückt
400 g weißer Reis
250 g Salsa Cruda I (Seite 18) oder Salsa Cruda III (Seite 19)
1 TL Salz

ZUBEREITUNG

▶ Das Öl in einer schweren Pfanne erhitzen. Chilipulver, Cumin, Oregano und Knoblauch bei mittlerer Hitze 1 Minute unter ständigem Rühren leicht andünsten. Den Reis zugeben und 10 Minuten anbraten, dabei immer wieder umrühren.

▶ Wenn die Pfanne tief und groß genug ist (mindestens 1,5 Liter Fassungsvermögen), 600 ml Wasser, die Salsa und das Salz hineingeben. Sollte die Pfanne zu klein sein, den Reis in einen größeren Topf umfüllen, Wasser, Salsa und Salz zugeben. Zum Kochen bringen, Deckel auflegen und die Hitze verringern. 20-25 Minuten kochen, bis die Flüssigkeit aufgebraucht und der Reis gar ist. Mit einer Gabel umrühren, 5 Minuten ziehen lassen und servieren.

Olvera, Provinz Cádiz.

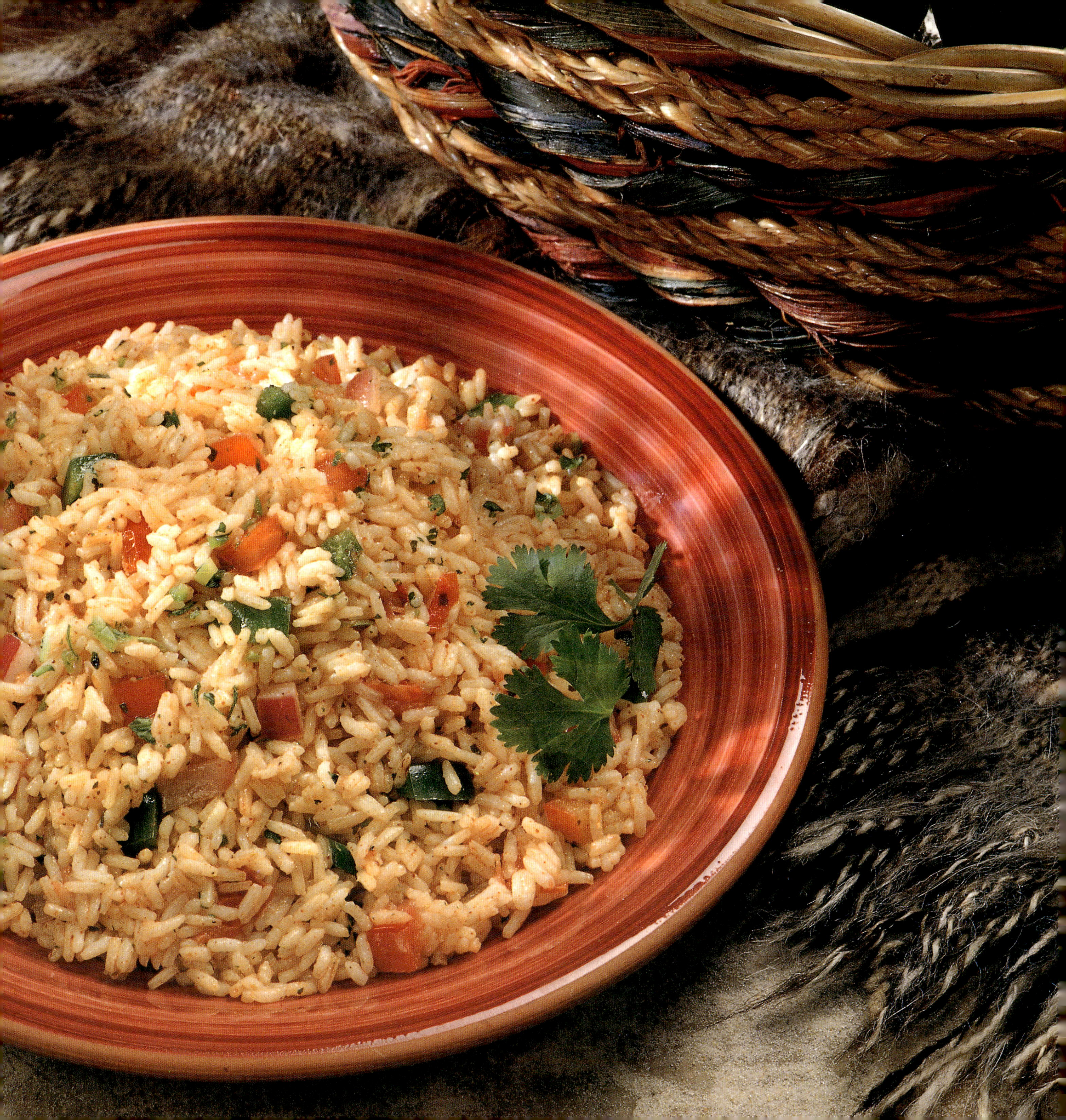

Chili-Sahne-Fettuccine mit Garnelen

Für 6 Personen als Vorspeise oder
für 4 als Hauptgericht

Hier handelt es sich um eine pikante Variante von Fettuccine Alfredo, verfeinert mit Salsa mit gerösteten Jalapeño-Chillies und Garnelen, gekocht in Sahnesauce. Wichtig ist, daß die Fettuccine zur selben Zeit gar sind wie die Sauce. Sollten die Fettuccine etwas früher fertig sein, schnell mit etwas Olivenöl mischen.

ZUTATEN

75 g Butter
75 g Salsa mit gerösteten Jalapeño-Chillies (Seite 16)
350 g mittlere bis große Garnelen, geputzt
450 g Fettuccine
250 ml Crème fraîche
½ TL Salz
1 Prise weißer Pfeffer
50 g geriebener Parmesan
Parmesan zum Bestreuen

ZUBEREITUNG

▶ 25 g Butter in einer großen Pfanne erhitzen und 1 Eßlöffel Jalapeño-Salsa unter Rühren 1 Minute darin mitdünsten. Die Garnelen zugeben und 2–3 Minuten dünsten, bis sie sich leicht einrollen und rosig verfärben. Mit einem Schaumlöffel herausnehmen und beiseite stellen.

▶ Die Fettuccine in reichlich Salzwasser al dente kochen. In der Zwischenzeit die restliche Butter in die Pfanne geben und erhitzen, bis sie schaumig wird. Die Salsa zugeben und 1 Minute unter Rühren andünsten. Die Crème fraîche einrühren, salzen und pfeffern. Etwa 3 Minuten kochen lassen, bis die Sauce leicht eindickt. Die Garnelen zugeben, dann Parmesan einrühren, schließlich die gut abgetropften Fettuccine hineingeben und gut untermischen. Mit etwas geriebenem Parmesan bestreut servieren.

Grüner Reis

Für 6–8 Personen

Dieses köstliche Reisgericht erhält durch Koriander und Salsa mit gerösteten Jalapeño-Chillies eine pikante Würze.

ZUTATEN

175 g Salsa mit gerösteten Jalapeño-Chillies (Seite 16)
25 g frischer Koriander
25 g frische Petersilie
½ l Hühnerbrühe
3 EL Pflanzenöl
400 g weißer Reis
1 ½ TL Salz

ZUBEREITUNG

▶ Salsa, Koriander und Petersilie mit ca. 100 ml Hühnerbrühe im Mixer oder in der Küchenmaschine fein pürieren.

▶ Das Öl in einer Pfanne erhitzen und den Reis unter Rühren 10 Minuten anbraten. Falls die Pfanne weniger als 1,5 l Fassungsvermögen hat, den Reis in eine größere Pfanne umfüllen. Salsapüree, restliche Hühnerbrühe und Salz zum Reis geben. Zum Kochen bringen, Deckel auflegen und bei niedriger Hitze 20–25 Minuten kochen, bis die Flüssigkeit aufgebraucht und der Reis gar ist. Den Reis mit einer Gabel auflockern und vor dem Servieren noch 5 Minuten ziehen lassen.

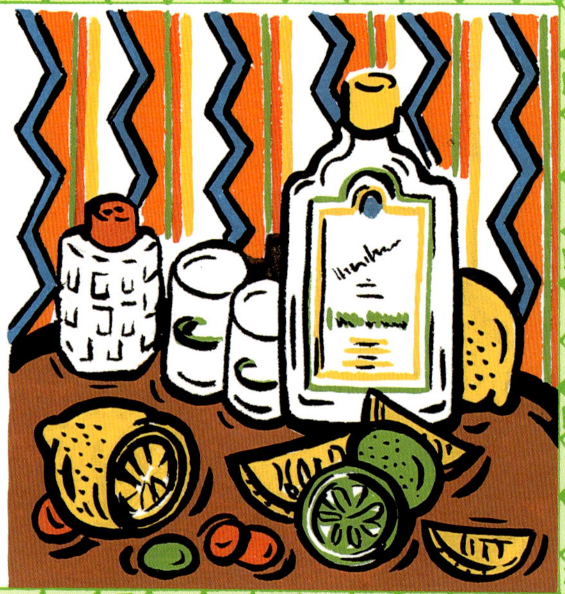

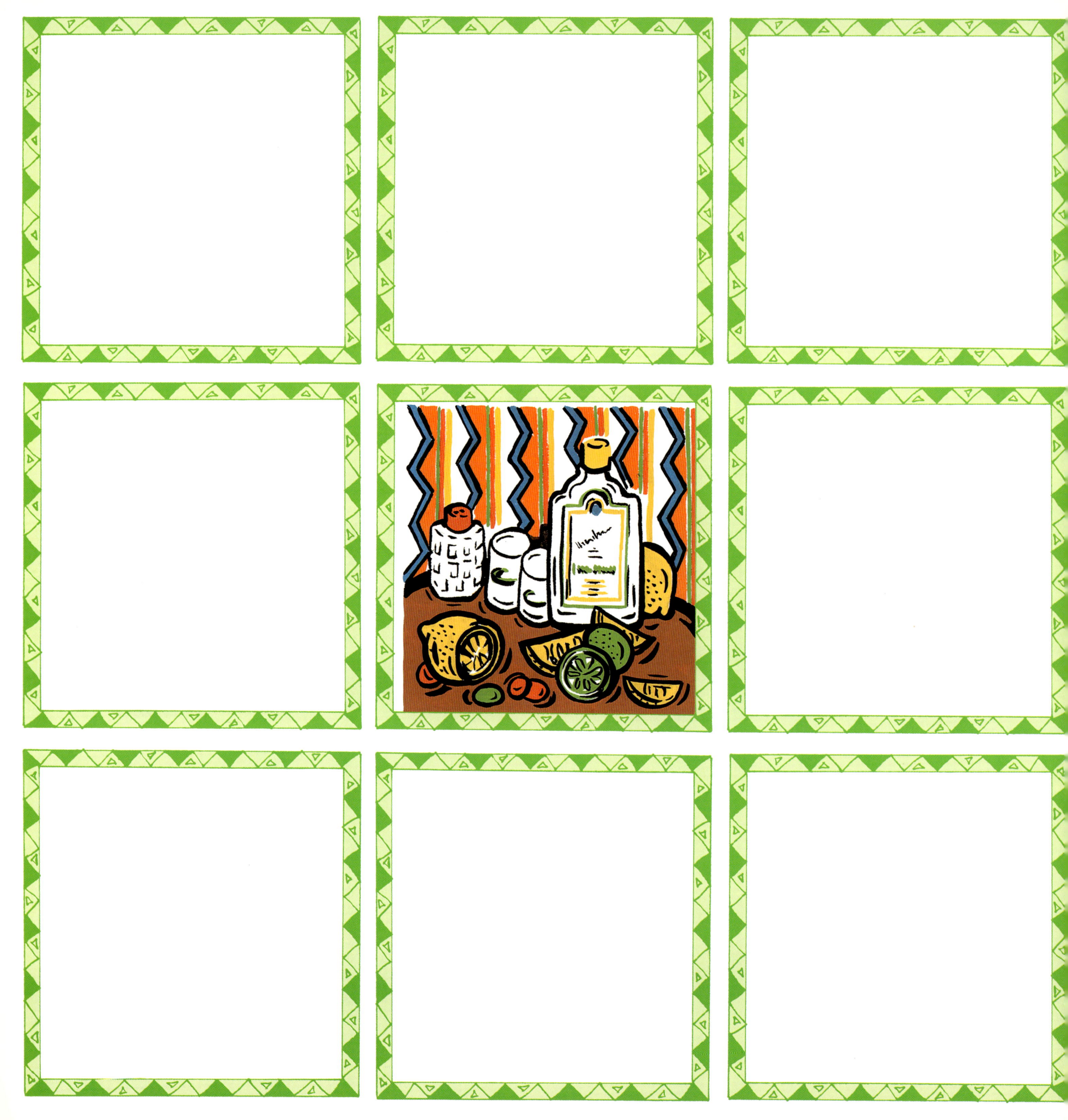

Mexikanische Gerichte

Quesadillas

Fajitas

Enchiladas mit Huhn und grüner Chilisauce

Enchiladas mit Rind und roter Chilisauce

Tostadas

Chillies Rellenos mit schwarzen Bohnen

Quesadillas

Zutaten

Für jede Quesadilla benötigt man:
Pflanzenöl oder Schweineschmalz
1 Maismehltortilla
40 g geriebenen Käse oder
2 Scheiben Cheddarkäse mit 10 cm Kantenlänge
oder eine Käsesorte Ihrer Wahl

Zubereitung

▶ Eine Pfanne, die etwas größer als eine Tortilla ist (meistens ca. 20 cm), ganz leicht einölen. Das Öl soll der Tortilla nur ein wenig Geschmack geben und verhindern, daß sie anbäckt. Pfanne erhitzen und die Tortilla flach hineinlegen. Die Hitze reduzieren. Eine Hälfte der Tortilla mit Käse bestreuen oder belegen, die andere Hälfte darüberklappen. Die zusammengeklappte Tortilla oben mit etwas Öl bepinseln. Wenn der Käse zu schmelzen beginnt, die Quesadilla vorsichtig wenden und weiterbraten, bis der Käse ganz geschmolzen und die Tortilla leicht gebräunt ist.

▶ Aus der Pfanne nehmen, in Stücke schneiden und mit Salsa zum Dippen servieren.

Quesadillas bekommt man heute in zahlreichen Restaurants – nicht nur in mexikanischen – mit einer Vielzahl unterschiedlicher Füllungen: mit Ziegenkäse, geräuchertem Huhn, Hummer – der Phantasie scheinen keine Grenzen gesetzt. Echte mexikanische Quesadillas bestehen aus Käse-Empanadas, also aus Taschen aus frischem Maisbrei. In diesem Rezept begnügen wir uns jedoch mit den üblichen Tortillas aus Maismehl.
Traditionellerweise werden Quesadillas mit Tomatensalsa serviert, aber auch Tomatillo-Salsa, Salsa aus schwarzen Bohnen oder Avocadosalsa passen vorzüglich. Oder warum nicht auch mal zwei Salsas – die eine für die Füllung und die andere zum Dippen? Mit ein wenig Mut zum Risiko könnte man auch eine Fruchtsalsa zu Füllungen aus Fleisch oder Fisch reichen.
Am einfachsten lassen sich Quesadillas auf dem Grillrost zubereiten. Da aber nicht jeder einen Grill in der Küche hat, bereiten wir sie hier in einer Pfanne zu.

▶ Statt die Tortilla einzuklappen, kann man aus der doppelten Menge Käse und 2 Tortillas ein Quesadilla-Sandwich zubereiten – eine Methode, die sich besonders gut eignet, wenn man viele Gäste hat.

▶ Mit folgenden Zutaten läßt sich die Käsefüllung ergänzen:
Streifen von gerösteten Poblano- oder Jalapeño-Chillies oder Paprikastreifen
gehackte Frühlingszwiebeln
gehackter Koriander
in Knoblauchbutter gedünstete Pilze
fertig gegartes Fleisch wie Grillhühnchen, Räucherwurst, Rindfleisch oder Schinken
gegarte Meeresfrüchte wie Krebsfleisch oder Garnelen
Schwarze-Bohnen-Salsa (Seite 26)

▶ Folgende Zutaten schmecken zu Quesadillas roh am besten. Sie sollten sie also als Beilage reichen oder in die fertigen Quesadillas hineingeben:
schwarze Oliven
Avocadoscheiben
frische gehackte Tomaten
Sauerrahm (als Topping oder Dip)

Vor den Sonnenstrahlen geschütztes Angebot eines mexikanischen Markts.

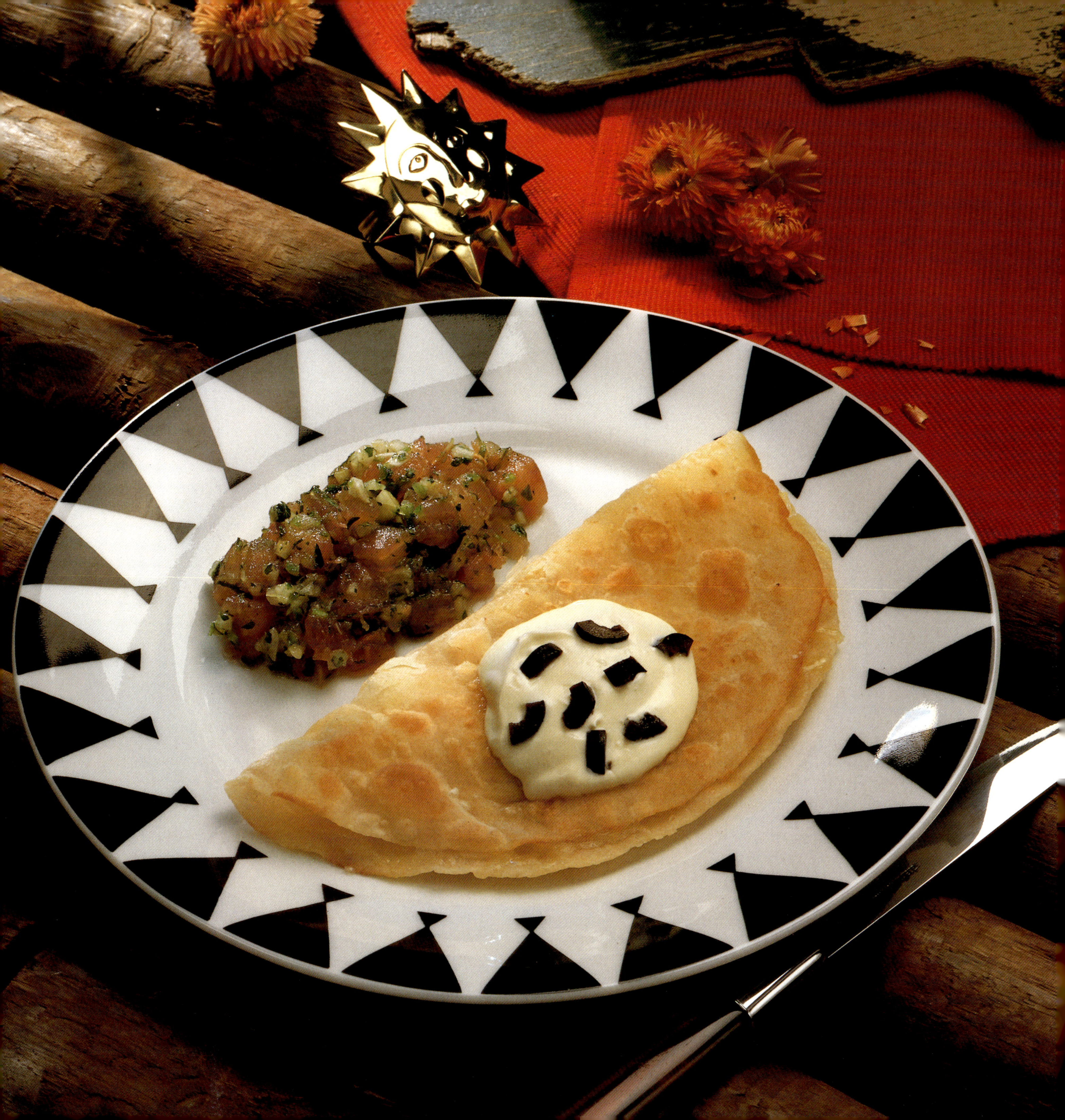

MEXIKANISCHE GERICHTE

Fajitas

Fajitas, in Tortillas gewickeltes, hauchdünn geschnittenes und gegrilltes Rindfleisch, tauchten in den 1970er Jahren zunächst in Texas auf und traten in den 80ern ihren Siegeszug durch die ganzen Vereinigten Staaten an. Traditionellerweise bereitete man Fajitas aus der Hochrippe vom Ochsen, doch inzwischen werden alle möglichen Stücke vom Rind dafür verwendet. Auch Beilagen und Garnierungen, wie Käse, Guacamole und Sauerrahm, wurden immer vielfältiger. Wir halten uns hier an das eher Bodenständige und wickeln mariniertes und gegrilltes Rindfleisch, Salsa und etwas gedünsteten Paprika und Zwiebel in unsere Maismehltortillas. Fajitas schmecken auch mit Grillhühnchen (Seite 110) oder gegrilltem Schweinefleisch. Zum Einlegen können Sie auch die Salsamarinade vom Hüftsteak (Seite 109) verwenden.

Für 4 Personen

Zutaten

650 g Hüftsteak
350 ml Bier
150 ml Olivenöl
3 EL Rotweinessig
4 Knoblauchzehen, zerdrückt
½ TL Salz
¼ TL Pfeffer
2 grüne Paprika
1 mittelgroße Zwiebel
2 EL Pflanzenöl
12 Maismehltortillas
250 g Salsa Ihrer Wahl

Zubereitung

▶ Fleisch rundum mit einer Gabel einstechen und in eine flache Glasschüssel legen. Aus Bier, Olivenöl, Essig, Knoblauch, Salz und Pfeffer eine Marinade herstellen. Fleisch mit der Marinade begießen, mehrmals wenden und über Nacht kühl stellen.

▶ Etwa 1 Stunde vor der Mahlzeit Grillfeuer anzünden. Paprika in Streifen schneiden. Zwiebel in Ringe schneiden und zerteilen. Das Öl in einer Pfanne erhitzen und die Zwiebelringe bei mäßiger Hitze 20–25 Minuten goldbraun rösten. Während der letzten 5 Minuten Paprikastreifen mitbraten.

▶ Wenn die Flammen erloschen und die Kohle gut durchgeglüht ist, das Fleisch auf den Rost legen. Marinade abwischen und Steak bis zur bevorzugten Garstufe grillen. Ein kleineres Hüftsteak braucht rund 10–15 Minuten, dicke Filetsteaks etwas länger.

▶ Während das Fleisch auf dem Grill liegt, Tortillas erwärmen. Dazu wickelt man sie in ein feuchtes Tuch und legt sie bei 180 °C etwa 10 Minuten in den Backofen. Fleisch dünn aufschneiden, zusammen mit Zwiebelringen, Paprika und Salsa in die Tortillas wickeln und servieren.

MEXIKANISCHE GERICHTE

Enchiladas mit Huhn und Grüner Chilisauce

Für 6 Personen

Diese Enchiladas sind nicht ganz so scharf wie die roten, weil die grüne Chilisauce mit Sauerrahm verfeinert wird. Als Beilage eignen sich frisch aufgeschnittene Avocadoscheiben.

ZUTATEN

175 ml Sauerrahm
knapp 600 g grüne Chilisauce (Seite 32)
Öl (zum Braten)
12 Tortillas aus Maisbrei
knapp 400 g gegartes Hühnchen, zerkleinert
450 g geriebener Cheddarkäse

ZUBEREITUNG

▶ Den Ofen auf 180 °C vorheizen. Eine große flache, etwa 33 x 23 cm messende Auflaufform bereithalten. Den Sauerrahm unter die Chilisauce rühren und in eine große flache Schüssel füllen.

▶ Jetzt sollte alles wie am Fließband ablaufen: Tortillas fritieren, durch die Sauce ziehen, mit Huhn und Käse füllen, zusammenrollen und in die Form legen. Deshalb alles entsprechend zurechtlegen.

▶ Öl etwa 5 mm hoch in eine Pfanne geben, erhitzen, daß es noch nicht raucht, und die erste Tortilla hineingeben. Tortilla auf jeder Seite nur etwa 2-3 Sekunden fritieren - sie sollte nur warm und weich werden -, herausnehmen und etwas abtropfen lassen. Die Hitze der Pfanne so regulieren, daß das Öl nach jeder Tortilla wieder auf Temperatur kommt, jedoch nicht zu rauchen beginnt, während Sie die Enchiladas rollen.

▶ Beide Seiten der Tortilla zügig in die Sauce tauchen. Es muß nicht besonders viel Sauce hängenbleiben. Tortilla flach ausbreiten, entlang der Mitte 3 Eßlöffel zerkleinertes Hühnerfleisch aufhäufen und mit 2-3 Eßlöffeln geriebenem Käse bestreuen. Falls zu wenig grüne Sauce hängengeblieben ist, kann man jetzt noch etwas Sauce über die Füllung geben. Tortilla fest zusammenrollen und mit der Naht nach unten in die Auflaufform legen.

▶ Mit allen Tortillas auf dieselbe Weise verfahren, bis das Hühnerfleisch aufgebraucht ist, und die Enchiladas nach Möglichkeit nebeneinander auf dem Boden der Auflaufform anordnen.

▶ Restliche Sauce und restlichen Käse über den Enchiladas verteilen. 15 Minuten überbacken und sofort servieren.

MEXIKANISCHE GERICHTE

Enchiladas mit Rind und Roter Chilisauce

Für 6 Personen

Enchiladas, ein in Mexiko äußerst beliebtes Gericht, bestehen aus Fleisch, Käse und Sauce, die in eine weiche Tortilla gewickelt und gebacken werden. Am besten eignet sich gegrilltes Fleisch – zum Beispiel auch Reste von mariniertem Hüftsteak (Seite 109), da es den Enchiladas zusätzlich Geschmack verleiht. Sie können aber auch jedes andere gegarte und zerkleinerte Stück vom Rind verwenden. Mit einem Klacks Sauerrahm kann man die Schärfe der roten Chilisauce mildern.

ZUTATEN

375 g Rindfleisch, gegart und zerkleinert
75 g Frühlingszwiebeln, gehackt
675 g rote Chilisauce (Seite 33)
450 g Cheddarkäse, gerieben
Öl (zum Braten)
12 Maismehltortillas
Sauerrahm

ZUBEREITUNG

▶ Den Ofen auf 180 °C vorheizen. Eine flache Auflaufform mit etwa 33 x 23 cm bereithalten.

▶ Das Rindfleisch mit den Frühlingszwiebeln und 75 g der Chilisauce mischen. Die restliche Sauce in eine große flache Schüssel füllen.

▶ Es geht nun darum, die Tortillas anzubraten, in die Sauce zu tunken, sie mit Fleisch und Käse zu füllen, zusammenzurollen und in die Auflaufform zu legen. Damit alles wie am Fließband ablaufen kann, sollten Sie sich alle Zutaten und Gerätschaften zurechtlegen.

▶ Öl etwa 5 mm hoch in eine Pfanne geben, erhitzen (das Öl sollte nicht rauchen) und die erste Tortilla hineinlegen. 2–3 Sekunden je Seite fritieren – die Tortilla soll nur warm und weich werden – und über der Pfanne etwas abtropfen lassen. Stellen Sie Ihren Herd so ein, daß das Öl nach jeder Tortilla wieder auf Temperatur kommt. Es sollte jedoch keinesfalls zu rauchen beginnen, während Sie die Enchiladas füllen.

▶ Tortilla rasch mit beiden Seiten durch die Sauce ziehen, so daß sie gleichmäßig überzogen ist. Überschüssige Sauce abtropfen lassen. Tortilla flach ausbreiten. Entlang der Mitte mit 3 Eßlöffeln Fleischfüllung belegen und das Fleisch mit 2–3 Eßlöffeln geriebenem Käse bestreuen. Enchilada fest zusammenrollen und mit der Naht nach unten in die Auflaufform legen.

▶ Mit den restlichen Tortillas auf dieselbe Weise verfahren. Alle Tortillas nach Möglichkeit nebeneinander in die Form legen.

▶ Restliche Sauce über die Enchiladas geben und alles mit dem verbliebenen Reibekäse bestreuen. 15 Minuten offen backen. Mit etwas Sauerrahm sofort servieren.

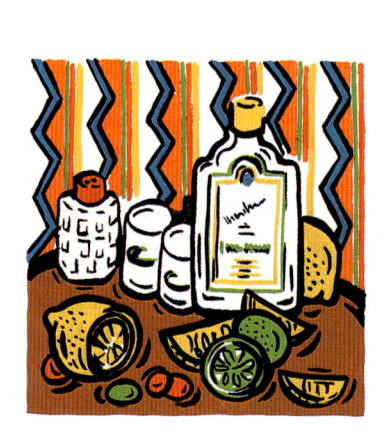

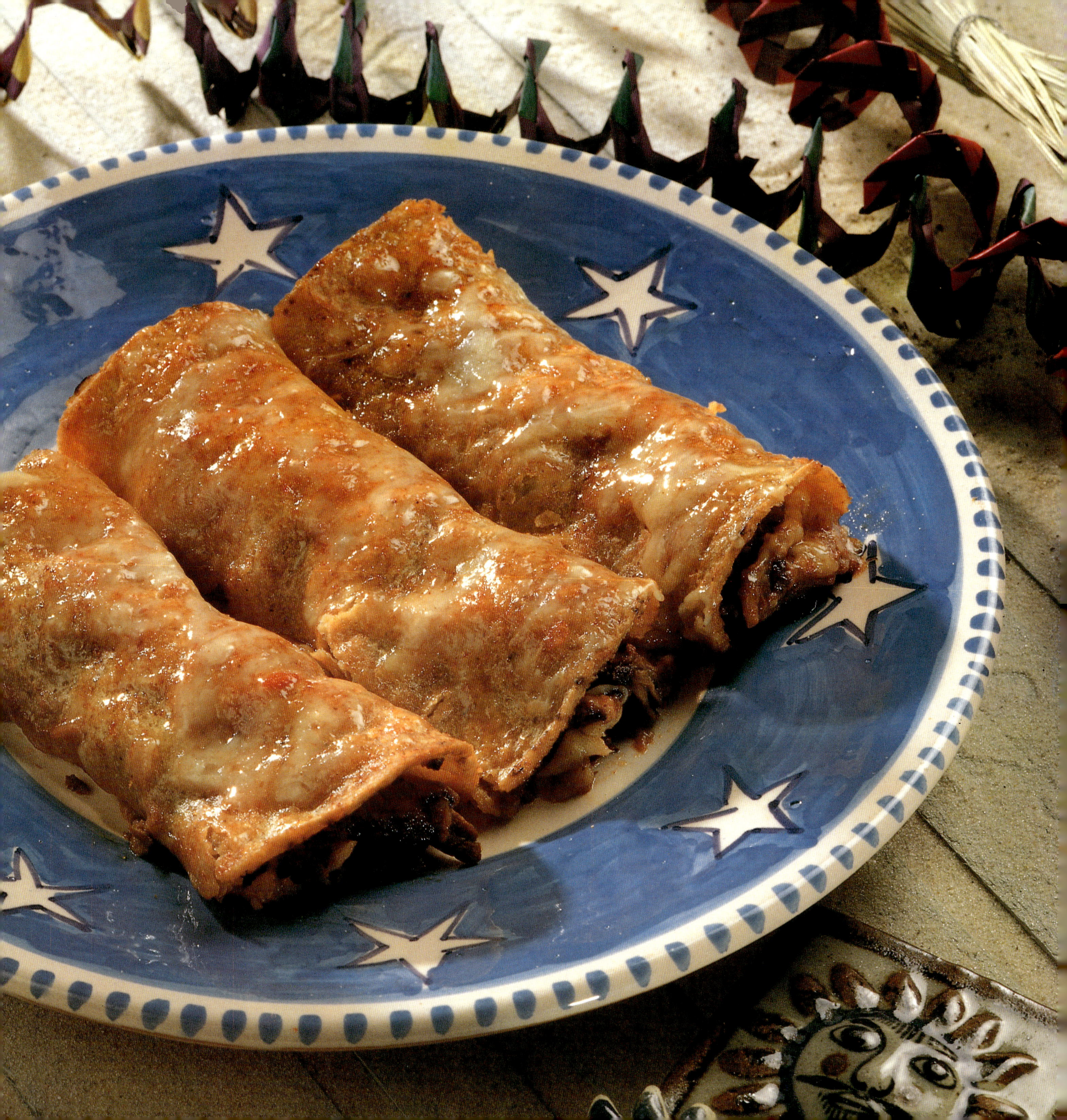

Tostadas

Jedes dieser Rezepte ergibt eine Tostada

Tostadas waren ursprünglich einfache knusprige Tortillas, belegt mit Bohnen, vielleicht etwas Fleisch, geraspeltem Salat oder Kohl, einer Tomatenscheibe und bisweilen etwas Käse oder einer Avocadoscheibe. Heute servieren viele Restaurants Tostadas als riesige Salatberge in »Schüsseln« aus fritierten Maismehltortillas, und die traditionellen Füllungen sind exotischen Zutaten gewichen.

Zu Hause kann man aus Resten mit Tostadas leckere Ein-Personen-Gerichte zaubern. Genausogut eignen sie sich aber auch als Hauptspeise bei einem geselligen Abendessen. Die Zubereitung ist immer die gleiche.

Um die Tortillas zu Schüsseln zu formen, braucht man eigentlich spezielles Küchengerät. Der Einfachheit halber halten wir uns an Maismehltortillas, die knusprig gebraten und flach auf den Teller gelegt werden. Wenn Sie nicht jede Tortilla nach dem Fritieren sofort weiterverarbeiten möchten, können Sie sie auch für kurze Zeit im Ofen warm halten, jedoch nicht länger als 10–15 Minuten.

Zutaten für die Tortillaschüsseln

Tortillas
Pflanzenöl

Zubereitung

▶ Öl etwa 5 mm hoch in eine Pfanne gießen und erhitzen. Tortilla hineingeben und etwa 1 Minute knusprig fritieren. Herausnehmen und abtropfen lassen.

▶ Als Füllung eignet sich im Grunde genommen alles. Für den Anfang stellen wir hier drei Zubereitungen vor. Sie können Ihrer Phantasie aber auch einfach freien Lauf lassen.

▶ Zutaten in der angegebenen Reihenfolge auf die fritierte Tortilla legen.

Zutaten für die Füllungen

Traditionell

50 g Chorizo-Bohnen-Dip (Seite 53) oder aufgewärmte Bohnen
50 g gegartes Rindfleisch oder Huhn, zerkleinert
einige Salatblätter, in Streifen geschnitten
40 g geriebener Cheddarkäse
Tomaten- und Avocadoscheiben
2-3 EL Salsa Cruda (Seiten 18, 19)

Modern

einige Salatblätter, zerrupft
75 g Grillhuhn (Seite 110) oder mariniertes Hüftsteak (Seite 109), zerkleinert
50 g Cheddarkäse, in Stiften
6 schwarze Oliven
Tomatenscheiben
2-3 EL Avocadosalsa

Exotisch

100 g Mangosalsa (Seite 46) oder Nektarinensalsa (Seite 45)
6 gegrillte Garnelen

▶ Große Garnelen in mundgerechte Stücke schneiden. Mit Salsa mischen und auf die Tortillas legen.

Chillies Rellenos mit schwarzen Bohnen

Für 6 Personen als Vorspeise oder
3 Personen als Hauptgericht

Chillies Rellenos bedeutet auf spanisch »gefüllte Chillies«; in diesem Rezept werden sie mit pikanten schwarzen Bohnen und Käse gefüllt. Rellenos werden in verquirltem Ei gewendet und dann rasch fritiert, was zugegebenermaßen etwas Schmutz verursacht, aber das müssen Ihnen Rellenos eben wert sein. Die Chillies können schon im voraus gefüllt und dann kurz vor dem Servieren fritiert werden. Nehmen Sie Anaheim-Chillies für milde Rellenos und Poblanos für feurige. Dazu paßt eine Salsa oder auch rote oder grüne Chilisauce (Seiten 32, 33).

Zutaten

6 große Anaheim- oder Poblano-Chillies
6 dicke Scheiben Cheddarkäse
etwa 200 g Chorizo-Bohnen-Dip (Seite 53)
etwa 75 g Maismehl (zum Wenden)
3 Eier, getrennt
2 EL Mehl
½ TL Salz
Pflanzenöl (zum Fritieren)

Zubereitung

▶ Chilischoten grillen, bis sich die Haut dunkel verfärbt und Blasen wirft. Chillies 10 Minuten in eine Plastiktüte stecken, damit sich die Haut ablösen läßt. Haut entfernen, Chillies der Länge nach aufschlitzen und die Kerne vorsichtig entfernen.

▶ Jede Schote mit einer Scheibe Käse und etwas Bohnenmus füllen. Anschließend in Maismehl wenden.

▶ Eiweiß in einer mittelgroßen Schüssel schlagen, bis sich Spitzen formen. In einer kleinen Schüssel Eigelb, Mehl und Salz miteinander verschlagen und unter den Eischnee heben.

▶ Öl etwa 1 cm hoch in eine große Pfanne geben und erhitzen. Chillies in der Eierpanade sehr sorgfältig wenden (die Eihülle schützt die Chilischoten beim Fritieren). Panierte Chillies etwa 1 Minute auf jeder Seite in heißem Öl goldbraun backen. Fritieren Sie immer nur 2 oder 3 Chillies auf einmal, je nach Größe der Pfanne. Sie sollten nicht aneinanderstoßen.

▶ Kurz abtropfen lassen und sofort servieren.

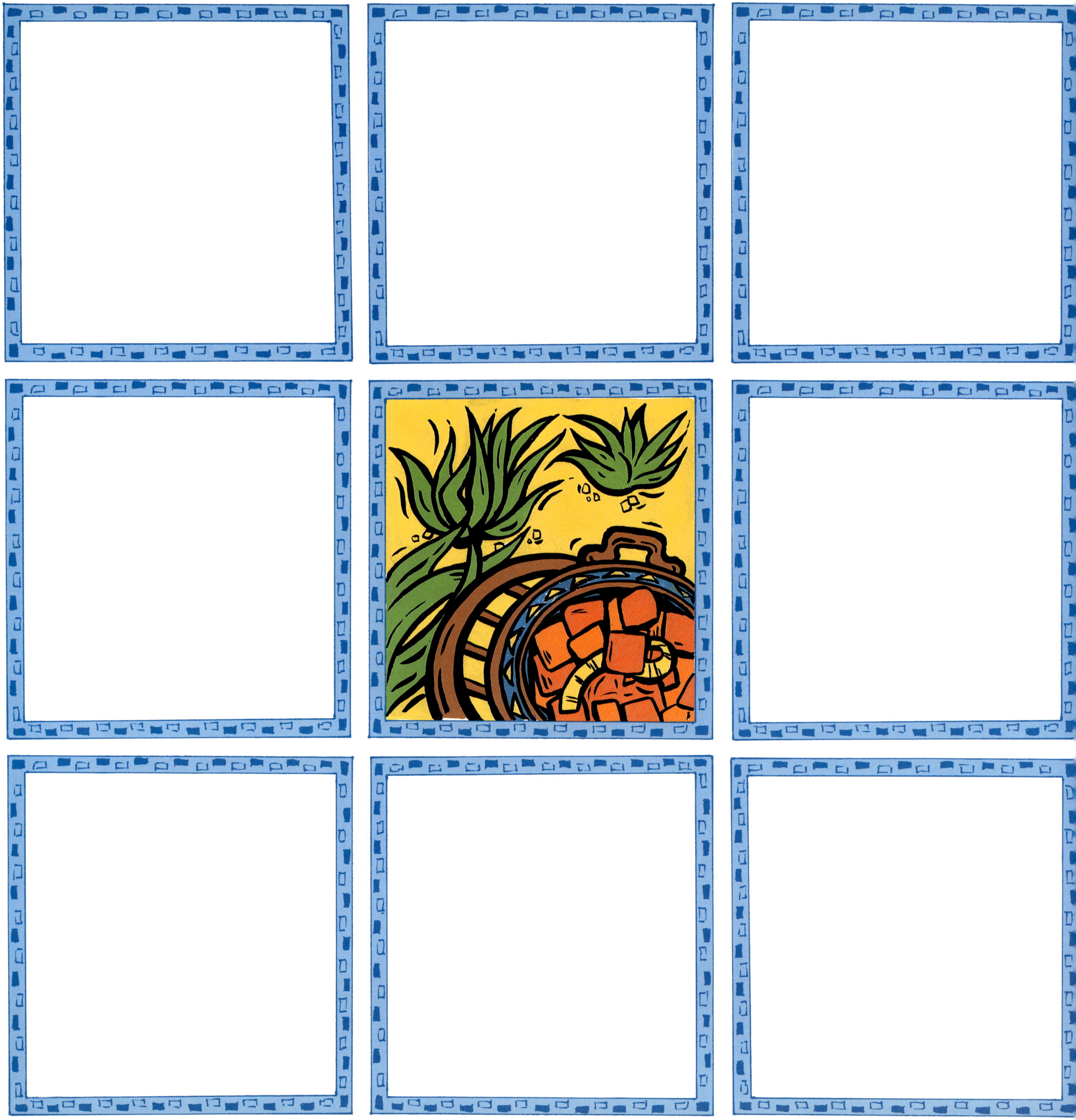

Fleischgerichte

Salsa-Huhn

Jerk Chicken

Machaca

Mariniertes Hüftsteak

Grillhuhn

Schwein mit Chorizo-Reis-Füllung

Chimichurri

Hamburger

Lamm mit Schwarze-Bohnen-Salsa

Salsa-Huhn

Für 4 Personen

Für dieses Rezept eignen sich ausgelöste Hühnerbrüste am besten, Sie können aber auch andere Hühnerteile verwenden, wenn Sie die Garzeit entsprechend angleichen. Sie können die Garzeit verkürzen, indem Sie die Stücke zerteilen.

Zutaten

2 EL Mehl
1 TL Cumin
1 TL Paprika
½ TL Salz
½ TL Pfeffer
4 Hühnerbrusthälften, ausgelöst
1-2 EL Pflanzenöl
175 g Salsa aus Tomaten
etwa 6 EL Hühnerbrühe (nach Belieben)

Zubereitung

▶ Das Mehl mit Cumin, Paprika, Salz und Pfeffer mischen. Die Hühnerbrüste von allen Seiten sorgfältig in der Mehlmischung wenden. Das Öl in einer großen Pfanne erhitzen und Hühnerteile rundum bräunen, dann Salsa zugeben. Wenn die Salsa sehr dick ist, mit Hühnerbrühe verdünnen. Das Huhn 20-30 Minuten köcheln lassen, gelegentlich mit einigen Löffeln Salsa übergießen. Mit Reis oder Nudeln servieren.

Jerk Chicken

Für 6 Personen

Bei Jerk Chicken handelt es sich um ein jamaikanisches Gericht, für das die schärfsten aller Chillies verwendet werden – der karibische Scotch-Bonnet-Chili oder sein Vetter aus Yucatán, der Habanero-Chili. Das Huhn wird zunächst in einer Paste aus feuriger Habanero-Salsa, Senf und Kräutern mariniert und dann langsam über indirekter Hitze gegrillt. So wird es schon ziemlich scharf, aber für ein richtig feuriges Jerk Chicken fügt man der Marinade sogar noch einen weiteren Habanero-Chili hinzu. Wegen der längeren Garzeit sollten Sie Hühnerteile mit Knochen, wie Brust oder Keule, verwenden; wenn man beim Grillen aufpaßt, kann man aber auch andere Teile oder ausgelöste Hühnerbrust verwenden. Mit Fruchtsalsa, Avocadosalsa (Seite 22) oder Schwarze-Bohnen-Salsa servieren.

Zutaten

75 g feurige Habanero-Salsa (Seite 38)
2 EL scharfer Senf
1 EL getrockneter oder 2 EL frischer Rosmarin
1 EL getrocknetes oder 3 EL frisches Basilikum
1 EL getrockneter oder 3 EL frischer Thymian
2 EL frisch gepreßter Limonen- oder Orangensaft
3 Knoblauchzehen
1 TL Universalwürze
1 TL Salz
½ TL Pfeffer
6 Hühnerbrüste oder 8–10 Hühnerkeulen

Zubereitung

▶ Alle Zutaten außer dem Hühnerfleisch im Mixer oder in der Küchenmaschine zu einer dicken Paste verarbeiten. Hühnerteile rundherum mit der Paste bestreichen (nicht mit den Fingern!), auch unter der Haut, falls Sie Teile mit Haut verwenden. Mindestens 2 aber nicht länger als 12 Stunden kühl stellen.

▶ Grillfeuer anzünden. Wenn die Flammen erloschen sind und die Kohle gleichmäßig durchgeglüht ist, Hühnerteile auf den gefetteten Rost legen. Rost möglichst weit von der Glut entfernt plazieren. Deckel über den Grill legen. Glut alle 15 Minuten prüfen, gegebenenfalls Kohlen nachlegen. Hühnerteile ein- bis zweimal wenden und grillen, bis das Fleisch durch ist und klarer Saft austritt, wenn man es ansticht. Abhängig von der Hitze der Glut dauert dies bei Flügeln etwa 20 Minuten und bis zu 1 Stunde für größere, nicht entbeinte Teile.

Machaca

Für 6–8 Personen

Machaca, ein Gericht aus getrocknetem und zerkleinertem Rindfleisch, stammt aus Nordmexiko. Ursprünglich wurde das Fleisch mehrere Tage lang an der Luft getrocknet und dann zerkleinert. Bei diesem Rezept wird das Fleisch ganz langsam weich gekocht, anschließend zerkleinert und im Ofen gebakken. Ein Großteil der Zubereitung läßt sich schon am Vortag erledigen. Zu Machaca ißt man warme Maismehltortillas und Schwarze-Bohnen-Zuckermais-Salsa (Seite 36) oder jede andere Salsa Ihrer Wahl. Reste eignen sich wunderbar für Quesadillas (Seite 96) oder Rühreier.

Zutaten

1,5 kg Putenschnitzel, Rinderbrust oder Bratenstücke
1 EL Cumin
2 TL getrockneter Oregano
1 TL Salz
1 TL Pfeffer
1–2 EL Pflanzenöl
1 mittelgroße Zwiebel, in Achtel geschnitten
450 g Salsa Cruda (Seiten 18, 19) oder Chipotle-Salsa (Seite 34)
2 Eier, leicht verquirlt

Zubereitung

▶ Fett vom Fleisch entfernen. Cumin, Oregano, Salz und Pfeffer mischen und das Fleisch kräftig damit einreiben. 30 Minuten ziehen lassen, damit sich die Aromen entfalten können.

▶ Das Öl in einer tiefen Pfanne oder im Bräter erhitzen und Fleisch von allen Seiten kräftig anbraten. Zwiebel zugeben und mit Wasser etwa 2,5 cm hoch aufgießen. Das Wasser zum Kochen bringen, Deckel auflegen und die Hitze reduzieren oder den Braten bei 180 °C im Ofen garen. Das Fleisch etwa 2 ½ Stunden garen, bis es sehr weich ist und sich leicht vom Knochen löst. Gelegentlich einen Blick in die Pfanne werfen und gegebenenfalls Wasser zugießen.

▶ Das Fleisch herausnehmen, in mehrere große Stücke schneiden, etwas abkühlen lassen und mit zwei Gabeln auseinanderpflücken. Das gelingt leichter, wenn das Fleisch noch ziemlich heiß ist.

▶ Die Fleischstückchen auf einem großen Backblech verteilen und bei 180 °C 12–15 Minuten im vorgeheizten Ofen trocknen, dabei ein- oder zweimal wenden. Bis zu diesem Schritt kann das Fleisch im voraus zubereitet und bis kurz vor dem Servieren gekühlt aufbewahrt werden.

▶ Das Fleisch in einer großen Pfanne mit der Salsa vermischen und bei mittlerer Hitze etwa 10 Minuten köcheln lassen, bis die Flüssigkeit der Salsa vollständig verdampft ist. Das verquirlte Ei zugeben und unter Rühren etwas stocken lassen, so daß sich Rührei und Fleisch gut vermischen. Sofort servieren, warme Maismehltortillas und Salsa als Beilagen reichen.

FLEISCHGERICHTE

Mariniertes Hüftsteak

Für 4–6 Personen

Salsamarinade verleiht Hüftsteaks oder anderen kurzgebratenen Stücken vom Rind ein unverwechselbares Aroma. Dazu wird das Fleisch gegrillt und dünn aufgeschnitten. Als Beilagen eignen sich Salate, warme Tortillas und verschiedene Salsas – zum Beispiel Avocadosalsa (Seite 22) oder Barbecue-Salsa (Seite 26).

ZUTATEN

50 g gekochte oder rohe Tomatensalsa (Grundzubereitung für gekochte Salsas, Seite 32, oder Barbecue-Salsa, Seite 26)
4 EL trockener Rotwein
4 EL Pflanzenöl
3 Knoblauchzehen, zerdrückt
900 g Hüftsteak oder anderes Rindfleisch

ZUBEREITUNG

▶ Alle Zutaten außer dem Fleisch zu einer Marinade mischen. Fleisch und Marinade in einen festen Plastikbeutel geben und gut vermischen. Beutel verschließen und mindestens 4, besser 24 Stunden kühl stellen, dabei gelegentlich wenden.

▶ 90 Minuten vor dem Essen das Grillfeuer anzünden. Wenn die Flammen erloschen sind und die Kohle gleichmäßig durchgeglüht ist, Fleisch aus dem Beutel nehmen und auf einem geölten Rost direkt über die Glut legen. Die Nähe der Hitze sorgt dafür, daß das Fleisch außen Geschmack bekommt und innen langsam gart. Falls jedoch durch tropfendes Fett allzu viele Flammen entstehen, sollten Sie das Steak an den Rand schieben und den Grill schließen.

▶ Die Garzeit ist abhängig von der Dicke des Steaks, dessen Abstand zu den Kohlen und der Hitze der Glut. Bei einem 4 cm dicken Steak sollten Sie nach etwa 7 Minuten Grillzeit je Seite prüfen, ob der gewünschte Garzustand erreicht ist. Dies kann aber auch erst nach 15 Minuten der Fall sein.

▶ Wenn das Fleisch gar ist, vom Grill nehmen und 10–20 Minuten ruhen lassen. Dies erleichtert das Aufschneiden. Steak gegen die Faserrichtung dünn aufschneiden und servieren.

FLEISCHGERICHTE

Grillhuhn

Für 4 Personen

In diesem Rezept legen wir das Huhn in eine einfache, pikante Zitrusmarinade ein und grillen es über Holzkohle. Servieren Sie das Huhn warm oder kalt, im Ganzen oder in Stücken mit einem grünen Salat und einer Salsa – Avocadosalsa (Seite 22) oder Nektarinensalsa (Seite 45) passen besonders gut.

ZUTATEN

6 EL Olivenöl
2 EL frisch gepreßter Limonensaft
3 EL frisch gepreßter Orangensaft
2 Knoblauchzehen, zerdrückt
1 EL frischer Koriander, gehackt
½ TL Tabasco
4 ausgelöste Hühnerbrusthälften, wahlweise mit oder ohne Haut
1 TL frischgemahlener schwarzer Pfeffer
175 g Salsa Ihrer Wahl

ZUBEREITUNG

▶ Alle Zutaten außer Huhn, Salsa und schwarzem Pfeffer zu einer Marinade verrühren. Hühnerbrüste in eine Plastik- oder Glasschüssel legen und mit der Marinade übergießen. Hühnerbrüste mehrmals wenden, damit sie gleichmäßig überzogen sind, und im Kühlschrank 6 Stunden oder über Nacht marinieren. Dabei zwei- oder dreimal wenden. Kurz vor dem Grillen mit schwarzem Pfeffer würzen.

▶ 1 Stunde vor dem Servieren Grillfeuer anzünden. Wenn die Flammen erloschen sind und die Kohlen gleichmäßig glühen und von einer weißen Ascheschicht überzogen sind (nach etwa 40 Minuten), Hühnerbrüste auf einen geölten Rost direkt über die Glut legen. Je nach Dicke des Fleisches und Abstand von der Glut etwa 12 Minuten grillen, dabei einmal wenden. Huhn mit ein paar Löffeln Salsa begießen und servieren.

New-Mexico-Chillies in grünem und rotem Reifegrad.

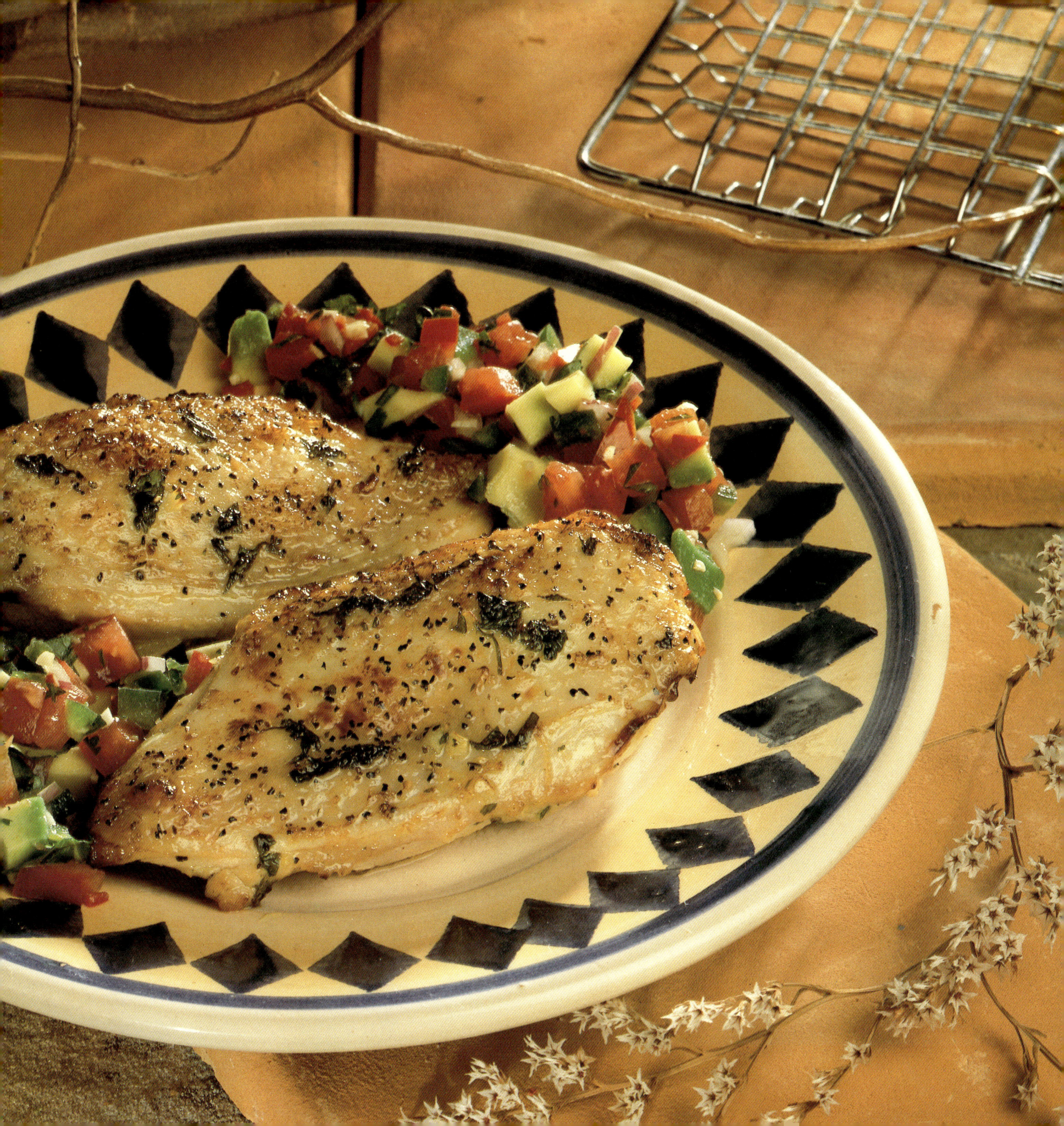

Schwein mit Chorizo-Reis-Füllung

Für 6 Personen

Hier wird Schweinelende mit würzigem Chorizo-Reis gefüllt, mit Salsa bestrichen und gegrillt. Dafür eignet sich jede Gemüsesalsa. Feurige Habanero-Salsa (Seite 38) durchdringt das Fleisch mit der Schärfe der Chillies, während sich mildere Salsas mehr mit den anderen Aromen verbinden. Salsa mit gerösteten Jalapeño-Chillies (Seite 16) ist eine gute Wahl, verursacht bei der Zubereitung aber etwas Schmutz. Weniger sämige Salsas wie Salsa Cruda III (Seite 19) lassen sich nicht so gut verstreichen.

ZUTATEN

½ TL Salz
2 TL Olivenöl oder Butter
200 g weißer Reis
200 g Chorizo-Wurst
1 kleine Zwiebel, gehackt
2 Knoblauchzehen, zerdrückt
40 g geröstete Pinienkerne (siehe unten)
1 kg Schweinelende
300 g Salsa

ZUBEREITUNG

▶ Den Ofen auf 180 °C vorheizen. Knapp ½ Liter Wasser in einen Topf geben, Salz und Olivenöl oder Butter zugeben und zum Kochen bringen. Den Reis einrühren, Deckel auflegen und die Hitze reduzieren. 15–20 Minuten kochen, bis das Wasser aufgebraucht und der Reis gar ist.

▶ In der Zwischenzeit die Chorizo-Wurst in eine kleine Pfanne bröseln und bei mittlerer Hitze 7–10 Minuten bräunen. Wurst mit einem Schaumlöffel herausnehmen und beiseite stellen. Fett bis auf 1 Eßlöffel abgießen, erneut erhitzen und die Zwiebel darin 5 Minuten lichtgelb dünsten. Knoblauch und Pinienkerne zugeben und 1 weitere Minute mitdünsten. Pfanne vom Herd nehmen. Wurst und Zwiebeln unter den gegarten Reis mischen.

▶ Lendenstück entrollen oder mehrmals längs einschneiden, daß es sich zu einem möglichst flachen Stück ausbreiten läßt. Einige Eßlöffel Reis in die Mitte füllen, Lende aufrollen und mit einem Faden zubinden. Restlichen Reis in eine gefettete, feuerfeste Schüssel füllen, zudecken und beiseite stellen.

▶ Fleisch mit der »Naht« nach oben auf den Rost des Backofens legen, Fettpfanne darunterschieben und rundum mit Salsa bestreichen. Etwas Salsa zum Bestreichen während des Bratens zurückbehalten. Schweinelende etwa 1 Stunde in den Ofen schieben. Das Fleisch ist gar, wenn das Brattermometer im Inneren eine Temperatur von 160 °C anzeigt (das Fleisch ist auch schon bei 140 °C unbedenklich). Während des Bratens mindestens einmal mit Salsa bestreichen. Kurz vor dem Ende der Garzeit, restliche Reisfüllung im Ofen erwärmen.

▶ Das Fleisch aus dem Ofen nehmen und vor dem Aufschneiden 15 Minuten ruhen lassen. Den Reis inzwischen im Ofen warm halten.

Geröstete Pinienkerne: Pinienkerne gleichmäßig auf einem Stück Backpapier verteilen. Bei 180 °C 5–10 Minuten goldbraun rösten. Vorsicht: Pinienkerne verbrennen rasch!

FLEISCHGERICHTE

Chimichurri

Für 6 Personen

Chimichurri ist gegrilltes argentinisches Rindfleisch, das mit einer Petersilien-Essig-Salsa serviert wird. Die Rindersteaks – Filet oder Rippenstück – werden in eine einfache Marinade eingelegt, zum Beispiel in Salzlake, Salz und Zitronensaft oder einfach Salz und Pfeffer. Bisweilen verwendet man aber auch Chimichurri-Salsa, eine entsprechend dünnflüssige Salsa aus Essig, Olivenöl, Knoblauch, Zwiebeln und Petersilie. Oft wird der Essig ganz oder teilweise durch Limonen- oder Orangensaft ersetzt – bevorzugt durch Bitterorangensaft. Statt Petersilie verwendet man manchmal auch Oregano und, ganz nach Geschmack, frische oder gemahlene Chillies.

Wenn Sie das Fleisch in Chimichurri-Salsa marinieren wollen, bereiten Sie die doppelte Menge Salsa zu und reichen die übrige Hälfte zum Fleisch. Marinade, die mit rohem Fleisch in Berührung gekommen ist, sollte man nicht essen, außer man kocht sie vorher ab.

ZUTATEN

6 Rindersteaks
Salz und Pfeffer
3 Knoblauchzehen, zerdrückt
Chimichurri-Salsa (Rezept unten)

ZUBEREITUNG

▶ Fleisch mit Salz und Pfeffer würzen, mit dem zerdrückten Knoblauch einreiben und mindestens 1 Stunde in den Kühlschrank stellen. Währenddessen den Grill vorbereiten. Wenn die Kohlen durchgeglüht und die Flammen mehr oder weniger erloschen sind, Fleisch bis zum gewünschten Gargrad grillen. Mit Chimichurri-Salsa servieren.

ZUTATEN FÜR DIE CHIMICHURRI-SALSA

175 ml kaltgepreßtes Olivenöl
3 EL Rotweinessig
1 Bund frische Petersilie, gehackt
1 TL getrockneter Oregano
1 Jalapeño-Chili, gehackt
5 Knoblauchzehen, zerdrückt
2 EL geriebene Zwiebel
½ TL Salz
½ TL Pfeffer

ZUBEREITUNG

▶ Alle Zutaten mischen oder in der Küchenmaschine zerkleinern. Vor dem Servieren mindestens 30 Minuten ziehen lassen.

Hamburger

Für je 1 Hamburger

Es gibt nahezu kein Nahrungsmittel, das man nicht zwischen die zwei Hälften eines Hamburger-Brötchens legen könnte. Auch Salsa macht da keine Ausnahme, ob zum Würzen oder als Zutat zum Fleisch. Im folgenden ein paar Anregungen, welche Salsas zu Hamburgern passen.

Zubereitung

▶ 1–2 EL Salsa mit 150 g Rinderhack vermischen und Frikadellen formen. Es eignen sich alle Tomaten- und Tomatillo-Salsas, der Clou schlechthin ist jedoch Tomaten-Minze-Salsa (Seite 24). Auch Salsa mit gerösteten Jalapeño-Chillies paßt ausgezeichnet.

▶ Frikadelle mit Salsa bestreichen oder Salsa auf das Brötchen streichen. Über die oben genannten Salsas hinaus eignen sich dafür vor allem Rote-Paprika-Salsa (Seite 20) und Olivensalsa (Seite 22).

▶ Guacamole (Seite 17) oder Avocadosalsa (Seite 22) verwandeln einen herkömmlichen Hamburger in einen Avocadoburger.

Zu Abwechslung können Hamburger auch mal offen, mit Schwarze-Bohnen-Salsa (Seite 26) bestrichen serviert werden. Ananas-Ingwer-Salsa (Seite 42) verleiht Ihren Hamburgern einen tropischen Touch.

Lamm mit Schwarze-Bohnen-Salsa

Für 6 Personen

Für dieses brasilianisch angehauchte Gericht wird Lammkeule mariniert, dann gebraten oder gegrillt und mit Salsa serviert – ein Rezept, das leicht gelingt, und keine größeren Vorbereitungen erfordert.

Zutaten

1 Lammkeule, gut 2 kg (siehe Hinweis)
4 EL Olivenöl
3 EL Rotweinessig
2 EL frisch gepreßter Orangensaft
4 Knoblauchzehen, zerdrückt
1 TL getrockneter Oregano
½ TL getrockneter Rosmarin
1 kleine Zwiebel, feingehackt
250 g Schwarze-Bohnen-Salsa (Seite 26) oder Schwarze-Bohnen-Papaya-Salsa (Seite 46)

Zubereitung

▶ Das Lamm in eine Glas- oder Keramikschüssel legen. Für die Marinade sämtliche Zutaten außer der Salsa mischen, über das Lamm geben und gut verteilen. Das Lamm im Kühlschrank zwischen 2 und 24 Stunden marinieren, dabei gelegentlich wenden und mit Marinade übergießen.

▶ Das Lamm im Ofen bei 180 °C braten oder grillen. Das Lamm ist blutig gebraten, wenn das Bratthermometer im Inneren 60 °C anzeigt, was einer Garzeit von etwa 40 Minuten pro Kilo im Ofen und etwas weniger auf dem Grill entspricht. Meistens wird Lamm noch leicht rot oder medium (etwa 66 °C) gegessen. Beim Aufschneiden tut man sich leichter, wenn man das Fleisch 20 Minuten ruhen läßt, nachdem man es aus dem Ofen genommen hat. Dazu die Salsa reichen.

Hinweis: Die Gewichtsangabe bezieht sich auf eine Lammkeule mit Knochen. Wenn Sie das Fleisch grillen wollen, bitten Sie Ihren Metzger, den Knochen zu entfernen und das Fleisch so einzuschneiden, daß es möglichst flach auf den Rost gelegt werden kann.

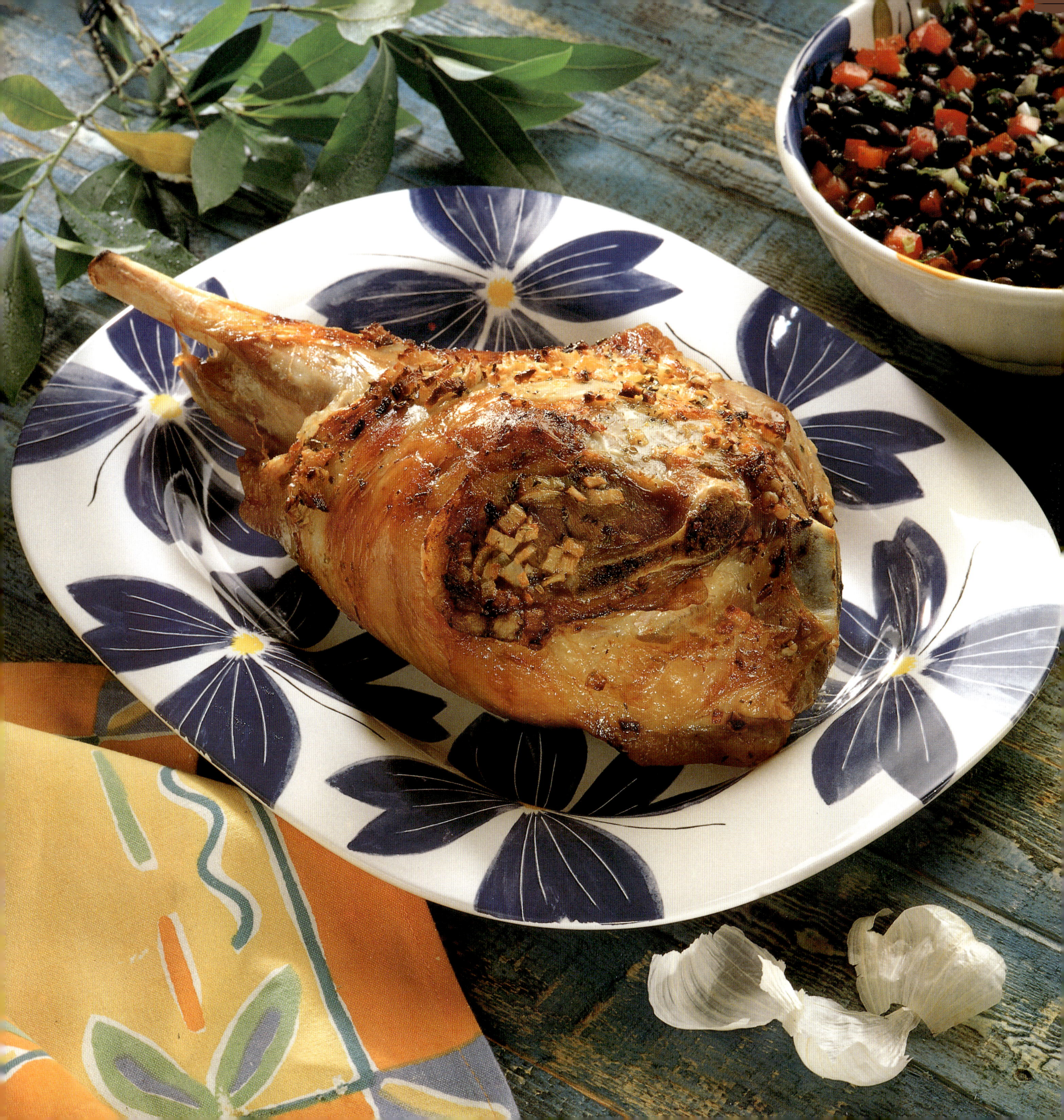

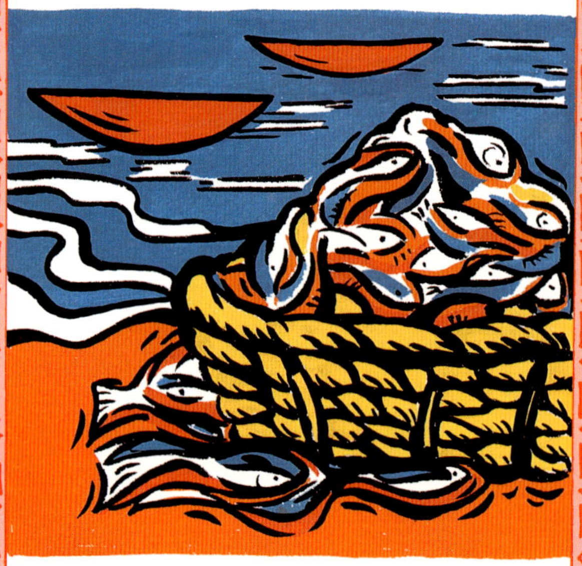

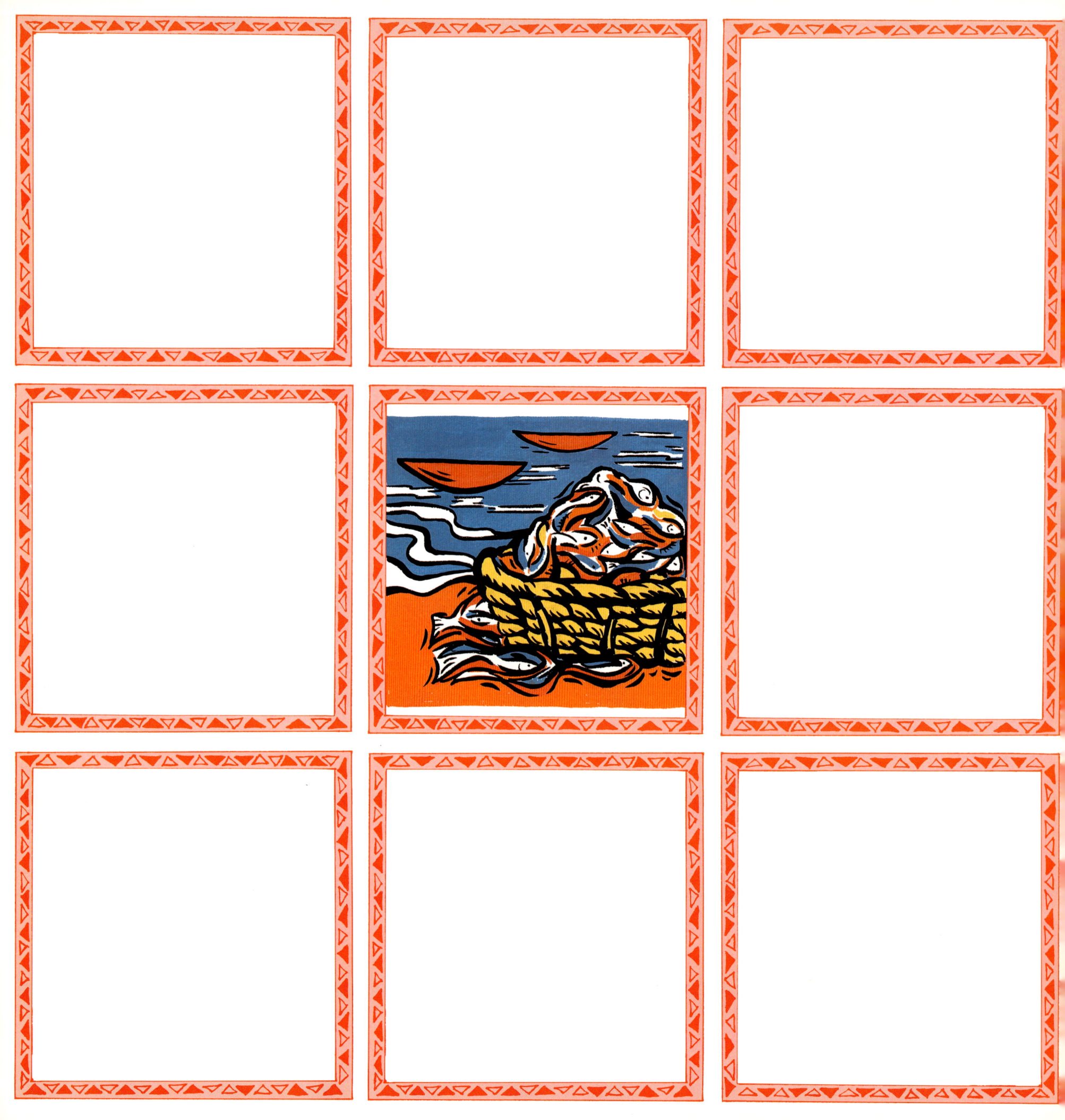

Fisch und Meeresfrüchte

Ceviche
Gegrillte Garnelen
Rotbarsch Veracruz
Gegrillte Kammuscheln
Garnelen in Chipotle-Salsa
Gegrillter Lachs
Grüne Paprika mit Garnelenfüllung

FISCH UND MEERESFRÜCHTE

Ceviche

Für 2–3 Personen

Für diese Spezialität aus Mittel- und Südamerika werden rohe Fische oder Schalentiere so lange in Gewürzen und Zitronen- oder Limonensaft mariniert, bis die Säure den Fisch »kocht«. Ein Habanero-Chili sorgt in der hier vorgestellten Version für die nötige Schärfe (wenn Sie keine Habanero-Chillies bekommen, nehmen Sie statt dessen zwei Serrano-Chillies). Ceviche kann man wie Krabbencocktail oder über grünem Salat servieren. Verwenden Sie nur wirklich frische und hochwertige Zutaten.

ZUTATEN

gut 200 g Fischfilet, Garnelen oder Kammuscheln, einzeln oder gemischt
175 ml frisch gepreßter Limonensaft
175 g Salsa Cruda III (Seite 19)
½ roter Paprika, in Streifen geschnitten
1 Habanero-Chili, in dünne Ringe geschnitten
1 EL Weißweinessig
2 EL Olivenöl

ZUBEREITUNG

▶ Fisch oder Schalentiere wie gewohnt säubern bzw. schälen – bei Garnelen Darmstrang entfernen – und in mundgerechte Stücke zerteilen. Große Garnelen in 2 oder 3 Teile schneiden, damit der Limonensaft gleichmäßig eindringen kann. Restliche Zutaten in einer nichtmetallischen Schüssel zu einer Marinade mischen und Meeresfrüchte gründlich unterheben. Mindestens 6 Stunden kühl stellen, bis die Meeresfrüchte trüb werden und wie gekocht aussehen.

FISCH UND MEERESFRÜCHTE

Gegrillte Garnelen

Für 4 Personen als Hauptgericht oder 6 Vorspeisen

Marinierte und gegrillte Garnelen mit Salsa können als leckere Vorspeise oder als leichtes Hauptgericht serviert werden, zum Beispiel in Kombination mit gegrillten Muscheln (Seite 120) und zwei oder drei verschiedenen Salsas. Es passen alle klassischen Tomatensalsas ebenso wie eine der Maissalsas oder auch eine Nektarinensalsa (Seite 45).

ZUTATEN

450 g mittlere bis große Garnelen, geschält und ohne Darm
6 EL Olivenöl
3 Knoblauchzehen, zerdrückt
3 EL frisch gepreßter Limonensaft
2 EL frisches Basilikum, gehackt, oder 2 TL getrocknetes
1 TL Paprikapulver

ZUBEREITUNG

▶ Garnelen in eine Glas- oder Plastikschüssel legen. Alle anderen Zutaten mischen, über die Garnelen geben und gut umrühren, bis alle Garnelen gleichmäßig mit Marinade überzogen sind. Im Kühlschrank 2–4 Stunden marinieren, dabei gelegentlich umrühren.

▶ Etwa 45 Minuten vor dem Servieren Grillfeuer anzünden. Falls Sie Holzspieße verwenden, weichen Sie diese mindestens 30 Minuten lang in Wasser ein, damit sie nicht so schnell verbrennen. Garnelen locker auf Spieße stecken. Wenn sie zu dicht beieinander stehen, werden sie nicht gleichmäßig gar.

▶ Wenn die Flammen erloschen und die Kohlen von einer weißen Ascheschicht überzogen sind, Garnelenspieße auf den geölten Rost legen. Die Garnelen dabei im Auge behalten, denn sie garen rasch, vor allem wenn die heruntertropfende Marinade Stichflammen verursacht. Je nach Größe sind die Garnelen nach 2–4 Minuten je Seite gar. Dabei verlieren sie ihre Transparenz und bekommen eine weißlich-rosarote Färbung. Nicht zu lange grillen, sonst werden sie zäh. Mit einer Salsa Ihrer Wahl servieren.

FISCH UND MEERESFRÜCHTE

Rotbarsch Veracruz

Für 4 Personen

In dieser Variante eines alten mexikanischen Rezepts brät man den Fisch kurz an und läßt ihn dann in Tomatensalsa köcheln. Ohne Beilagen oder mit etwas Reis servieren.

ZUTATEN

4 Rotbarschfilets von je etwa 175 g
Salz und Pfeffer
4 EL Mehl
2 EL Pflanzenöl
350 g Salsa Cruda I (Seite 18) oder Salsa Cruda III (Seite 19)
½ roter Paprika, in Streifen geschnitten
1 oder 2 Jalapeño-Chillies, entkernt und in Ringe geschnitten
einige Frühlingszwiebeln, gehackt
1 EL frischer Koriander, gehackt

ZUBEREITUNG

▶ Die Fischfilets mit Salz und Pfeffer würzen und in Mehl wenden. Das Öl in einer Pfanne erhitzen und die Filets von beiden Seiten rasch anbraten, bis sie leicht gebräunt sind.

▶ Salsa, Paprika und Jalapeños in die Pfanne geben. Alles bei geringer Hitze köcheln lassen, dabei den Fisch immer wieder mit Salsa übergießen. Der Fisch ist gar, wenn er sich leicht zerteilen läßt. Man rechnet etwa 10 Minuten pro 2,5 cm Dicke. Fisch auf Servierplatte anrichten, Sauce darübergeben. Mit Frühlingszwiebeln und Koriander garnieren.

Gegrillte Kammuscheln

Nur wenige Gerichte sind so einfach zuzubereiten wie gegrillte Kammuscheln. Sie eignen sich als Vorspeise, wenn man sie einfach kurz vor dem gegrillten Hauptgericht auf den Rost legt, als Hauptgang oder zusammen mit gegrillten Garnelen (Seite 119). Mit Salsa Cruda I (Seite 18), Nektarinensalsa (Seite 45) oder Maissalsa (Seite 21) servieren.

ZUTATEN

4-6 Kammuscheln pro Person als Vorspeise, 12 pro Person als Hauptgericht
Salsa Ihrer Wahl
zerlassene Butter mit Knoblauch (nach Belieben)

ZUBEREITUNG

▶ Muscheln unter fließendem kaltem Wasser kräftig abbürsten. Geöffnete Muscheln und jene, die sich unter dem kalten Wasser nicht fest verschließen, aussortieren und wegwerfen. Wenn die Kohlen gleichmäßig glühen, Muscheln auf den Rost legen. Besser ist ein spezieller Rost für Kleinteile, damit die Muscheln nicht durchfallen. 5-10 Minuten grillen. Die Muscheln sind gar, wenn sie aufspringen.

▶ Zusätzlich zur Salsa mit einer Schale zerlassener Knoblauchbutter zum Dippen servieren.

Garnelen in Chipotle-Salsa

Für 4 Personen

Chipotle-Salsa verleiht marinierten Garnelen ein pikantes und rauchiges Aroma. Servieren Sie diese entweder ohne Beilagen oder auf etwas Reis. Wenn Ihnen Chipotle-Salsa zu zeitaufwendig ist, machen Sie, während die Garnelen marinieren, schnell eine Wintersalsa II (Seite 39), für die Chipotle-Chillies aus der Dose verwendet werden.

ZUTATEN

6 EL Olivenöl
4 EL frisch gepreßter Limonensaft
3 Knoblauchzehen, zerdrückt
knapp 600 g mittlere bis große Garnelen, geschält und ohne Darm
250 g Chipotle-Salsa (Seite 34)
½ TL Salz

ZUBEREITUNG

▶ 2 Eßlöffel Olivenöl mit Limonensaft und Knoblauch zu einer Marinade verrühren. Garnelen in eine Glas- oder Keramikschüssel legen, mit Marinade übergießen und gut vermengen. 30 Minuten marinieren.

▶ Das restliche Öl in einer großen Pfanne erhitzen. Die Garnelen aus der Schüssel nehmen (Marinade aufheben), abtropfen lassen und im heißen Öl etwa 1 ½ Minuten anbraten. Aus der Pfanne nehmen und beiseite stellen. Chipotle-Salsa in die Pfanne geben und unter ständigem Rühren etwa 5 Minuten köcheln lassen. Marinade und Salz zugeben und noch 2 Minuten weiterkochen lassen. Die Garnelen wieder in die Pfanne geben und nochmals 2 Minuten mitköcheln lassen, bis sie gar sind und ein wenig Aroma der Salsa aufgenommen haben.

Gegrillter Lachs

Für 4 Personen

Zu diesem in Chilivinaigrette eingelegten und gegrillten Lachs paßt Schwarze-Bohnen-Zuckermais-Salsa (Seite 36) oder eine Fruchtsalsa besonders gut. Statt Lachs können Sie auch Heilbutt oder Schwertfisch verwenden.

Zutaten

1 Poblano-Chili
6 EL Olivenöl
2 EL Rotweinessig
2 Knoblauchzehen
1 EL frischer Koriander, gehackt
700 g Lachsfilet
Salsa Ihrer Wahl

Zubereitung

▶ Chili der Länge nach vierteln, Kerngehäuse, Kerne und Stielansatz entfernen und mit der Haut nach oben unter den Elektrogrill legen, bis er stark gebräunt ist. Chili 10 Minuten lang in einen kleinen Plastikbeutel geben oder in Alufolie wickeln, dann die Haut abziehen. Wenn ein paar Hautfetzen zurückbleiben, ist das nicht weiter tragisch. Chili mit allen anderen Zutaten außer Fisch und Salsa im Mixer oder in der Küchenmaschine pürieren.

▶ Lachs auf einen Teller legen und mit dem Püree übergießen. Wenden, damit er rundum von Marinade überzogen ist. Im Kühlschrank 1–4 Stunden marinieren.

▶ Backofengrill vorheizen oder Holzkohle anzünden und warten, bis die Flammen erloschen sind und die Kohle durchgeglüht ist. Den Lachs in einer leicht geölten Grillpfanne unter den Grill schieben oder auf einem geölten Rost über die Glut legen. Je nach Größe ist der Fisch nach etwa 8 Minuten durch; dabei einmal wenden. Salsa über oder neben den Fisch geben und servieren.

FISCH UND MEERESFRÜCHTE

Grüne Paprika mit Garnelenfüllung

Für 4 Personen

Die Paprika werden mit Reis, Garnelen, Salsa und Sauerrahm gefüllt und dann im Ofen überbacken. Sie lassen sich gut als Mittagessen oder auch als leichte Abendmahlzeit servieren. Wer's schärfer mag, kocht die Paprika in Chipotle-Salsa (Seite 34).

ZUTATEN

4 große grüne Paprikaschoten
knapp 700 g gekochter Reis
gut 200 g gekochte Garnelen, geschält, gesäubert und in mundgerechte Stücke geschnitten
175 g Salsa Cruda (siehe Seiten 18, 19)
250 ml Sauerrahm
einige Frühlingszwiebeln, gehackt
½ TL Cumin
1 TL Salz (nach Belieben)

ZUBEREITUNG

▶ Den Ofen auf 180 °C vorheizen. Eine Auflaufform von etwa 23 x 23 cm Größe leicht einfetten.

▶ Die Paprika unterhalb des Stielansatzes abschneiden und den »Deckel« aufbewahren. Das Kerngehäuse entfernen, gründlich waschen und die Paprika 2 Minuten in kochendes Wasser geben. Herausnehmen und abtropfen lassen.

▶ Die restlichen Zutaten mischen. Salz zugeben, falls der Reis ohne Salz gekocht wurde. Die Paprika mit der Reis-Garnelen-Masse füllen und aufrecht in die Auflaufform setzen. Den »Deckel« wieder auf die Paprikaschoten legen und etwa 40 Minuten backen.

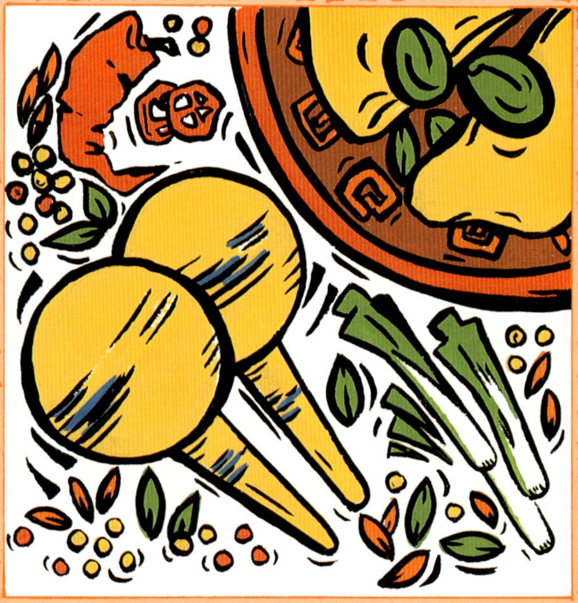

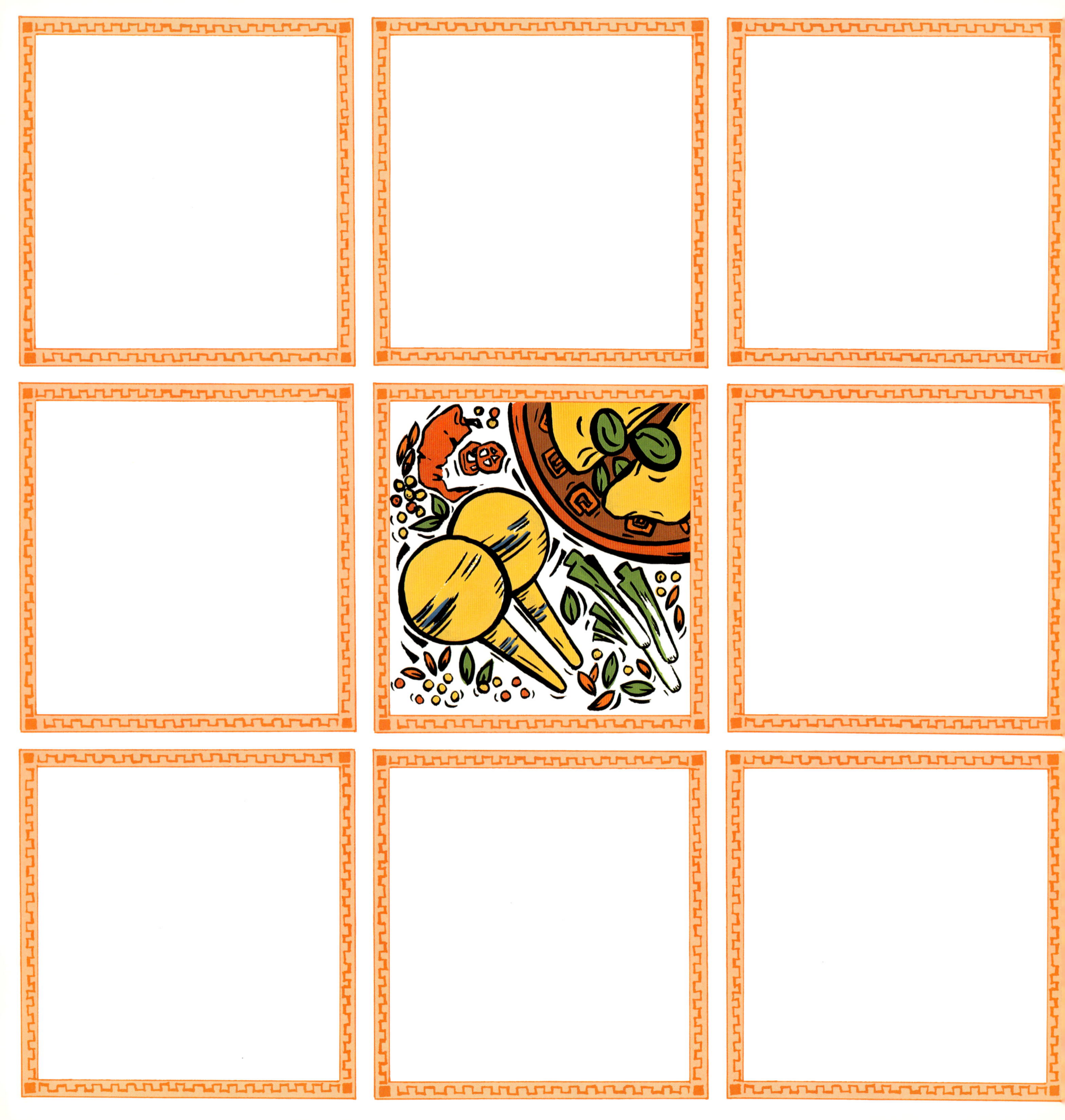

Vegetarische Gerichte

Polenta mit Schwarze-Bohnen-Salsa

Huevos Rancheros

Huevos Rancheros de Luxe

Käseomelett mit Salsa

Frittata aus dem Südwesten

Maispfannkuchen mit schwarzen Bohnen

Doppelte Salsa mit Schwarzaugenbohnen

Polenta mit Schwarze-Bohnen-Salsa

Für 6 Personen

Dieses Rezept spannt einen weiten Bogen von italienischer Polenta bis zu Schwarze-Bohnen-Salsa aus dem amerikanischen Südwesten. Serviert wird es als Mittagessen oder als leichtes Abendessen. Die Polenta muß im voraus zubereitet werden. Nach traditioneller Zubereitung muß Polenta – ein grober Maisgries – mindestens 30 Minuten kochen, inzwischen ist aber auch »Instant-Polenta« erhältlich, die nicht mehr so lange braucht. Sie schmeckt jedoch besser, wenn man sie 10 Minuten länger kochen läßt, als auf der Packung angegeben ist.

ZUTATEN

Polenta (Rezept unten)
Olivenöl zum Braten oder Grillen
350 g Cheddarkäse, in dünnen Scheiben
250 g Schwarze-Bohnen-Salsa (Seite 26)

ZUBEREITUNG

▶ Polenta in etwa 4 cm dicke Scheiben schneiden. Zum Grillen die Polentascheiben mit etwas Olivenöl einpinseln; zum Braten 1 Eßlöffel Olivenöl in einer Pfanne erhitzen.

▶ Wenn das Öl heiß oder die Glut im Grill bereit ist, Polentascheiben in die Pfanne oder auf den Grillrost legen. Etwa 3 Minuten braten oder grillen, bis sie leicht bräunen. Polentascheiben wenden und Käsescheiben darauf legen. Nochmals 3 Minuten braten oder grillen. (Hinweis: Wenn Sie die Polenta braten, schmilzt der Käse rascher, wenn Sie einen Deckel auf die Pfanne legen. Für die nächste Portion Polenta gegebenenfalls erneut Öl in die Pfanne geben.)

▶ Polenta aus der Pfanne oder vom Grill nehmen, etwas Salsa darübergeben und servieren.

ZUTATEN FÜR DIE POLENTA

2 TL Salz
275 g Polenta

ZUBEREITUNG

▶ Kleine Kastenform leicht einfetten. 1 ½ Liter Wasser in einem großen Topf zum Kochen bringen, Salz zugeben. Polentagries unter Rühren langsam einrieseln lassen, damit keine Klumpen entstehen. Bei wenig Hitze 30 Minuten köcheln lassen, dabei ständig umrühren, bis die Polenta zu einer zähen Masse aufgequollen ist, die sich leicht vom Topf lösen läßt. Polenta in die Kastenform geben, Oberfläche glattstreichen. Vor dem Aufschneiden mindestens 30 Minuten abkühlen lassen.

VEGETARISCHE GERICHTE

Huevos Rancheros

Für 4 Personen

Huevos Rancheros sind ein traditionelles mexikanisches Frühstück – mit mindestens ebenso vielen Varianten wie es mexikanische Familien gibt. Hier stellen wir eine einfache Variante mit Tortillas, Spiegeleiern, Käse und Salsa vor. Als Salsa eignet sich jede Tomaten- oder Tomatillo-Salsa, aber auch eine aus schwarzen Bohnen. Verwenden Sie feuerfeste Teller, um die Huevos Rancheros zwischen den einzelnen Arbeitsschritten warm zu halten. Für ein großzügiges Frühstück benötigen Sie 2 Spiegeleier pro Person.

ZUTATEN

200 g Salsa Ihrer Wahl
Öl (zum Braten)
4 Maismehltortillas
4 Eier
100 g geriebener Cheddarkäse
gehackte Frühlingszwiebeln und gehackter Koriander (zum Garnieren)

ZUBEREITUNG

▶ Den Ofen auf 110 °C vorheizen und die Teller warm stellen. Salsa in einem kleinen Topf bei niedriger Hitze erwärmen.

▶ Öl in einer Pfanne erhitzen und die Tortillas einzeln, jeweils nur einige Sekunden pro Seite, anbraten, damit sie etwas weich werden. Abtropfen lassen und im Ofen warm halten.

▶ Öl bis auf 1 Eßlöffel abgießen und darin bei niedriger Hitze in 2–3 Minuten die Spiegeleier braten. Dabei mehrmals mit heißem Öl überschöpfen oder einen Deckel auf die Pfanne legen, damit die Eier auch oben garen. Eier gegebenenfalls wenden und 30 Sekunden länger braten.

▶ Jede Tortilla mit einem Spiegelei belegen, etwas Salsa darübergeben und mit Käse bestreuen. Mit Frühlingszwiebeln und Koriander garniert servieren.

VEGETARISCHE GERICHTE

Huevos Rancheros de Luxe

Für 4 Personen

Bei dieser herzhaften Version der Huevos Rancheros werden statt Tortillas mit Bohnen belegte Quesadillas verwendet. Die Eier pochieren wir in der Salsa. Dazu paßt eine flüssige Salsa, wie zum Beispiel jede Salsa Cruda (Seiten 18, 19) oder Grundzubereitung für gekochte Salsas (Seite 32). Wer's schärfer mag, nimmt Chipotle-Salsa (Seite 34) oder Wintersalsa (Seite 39), die man aus Chipotle-Chillies herstellt.

ZUTATEN

8 Maismehltortillas
gut 200 g geriebener Cheddarkäse
350 g Bohnenmus
450 g Salsa Ihrer Wahl
8 Eier
gehackte Tomaten und schwarze Oliven
(zum Garnieren)

ZUBEREITUNG

▶ Den Ofen auf 180 °C vorheizen. Zwei Backbleche leicht einölen.

▶ 4 Tortillas auf die Backbleche legen und mit je 25 g geriebenem Käse gleichmäßig bestreuen. Restliche Tortillas darauf legen und andrücken. Obere Tortillas mit etwas zerlassener Butter oder ein paar Tropfen Öl einpinseln. 5–8 Minuten in den Ofen schieben, bis der Käse zu schmelzen beginnt. Die Hitze so weit reduzieren, daß die Quesadillas noch warm bleiben.

Das Bohnenmus in etwas heißem Öl anbraten und auf den Quesadillas verteilen. Die Quesadillas wieder in den Ofen schieben und warm halten.

▶ Die Hälfte der Salsa in einer mittelgroßen Pfanne 2–3 Minuten erhitzen. 4 Eier nacheinander auf einer Untertasse aufschlagen und in die Pfanne gleiten lassen. Deckel auflegen und die Eier etwa 3 Minuten pochieren. 2 Quesadillas mit je 2 Eiern belegen und Salsa darübergießen. Mit den anderen Eiern und der restlichen Salsa auf dieselbe Weise verfahren. Sie können aber auch 2 Pfannen gleichzeitig benutzen.

▶ Den restlichen Käse über die Eier streuen und mit gehackten Tomaten und Oliven servieren.

Kinder in Mexiko lieben Tortillas.

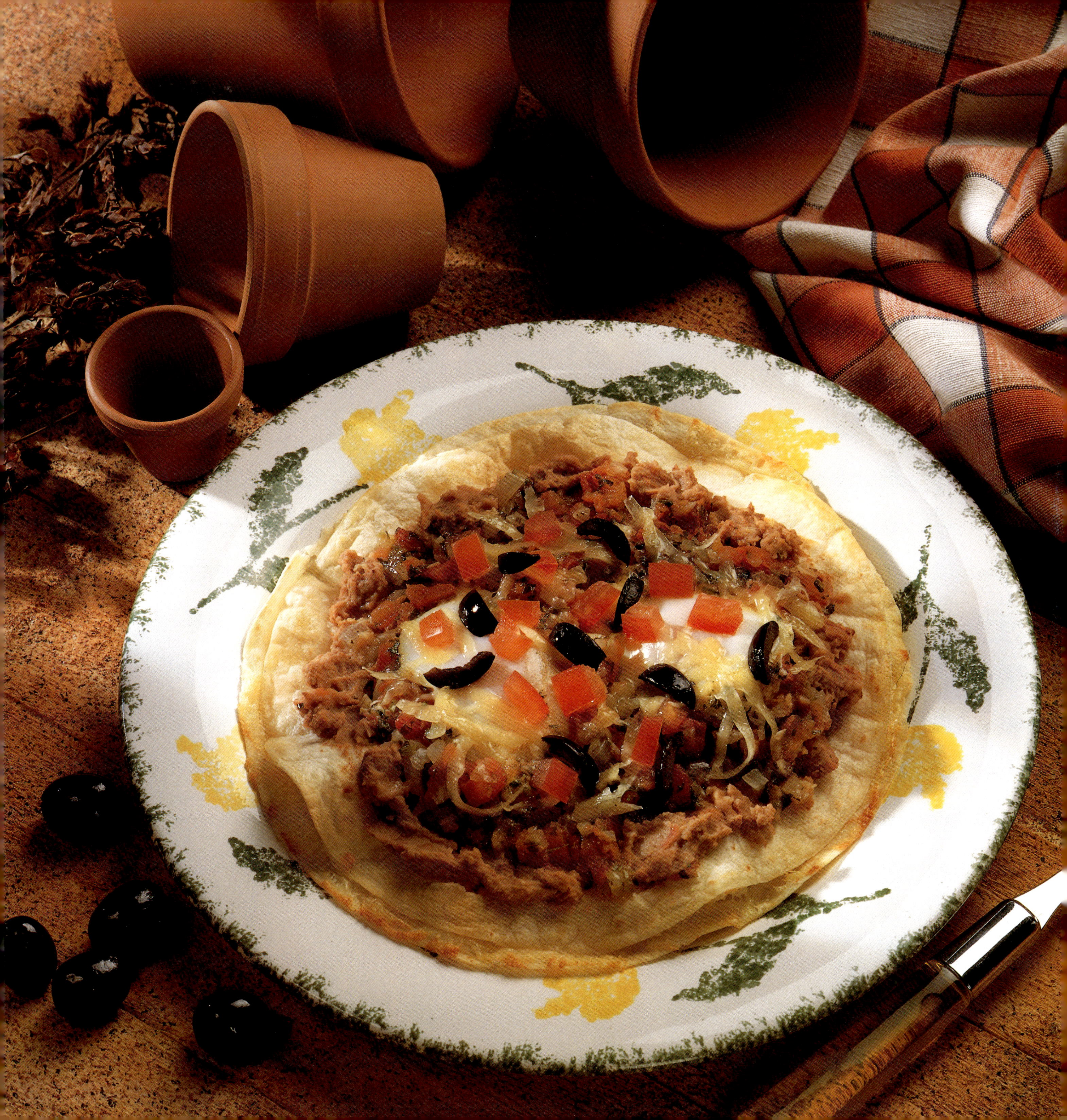

VEGETARISCHE GERICHTE

Käseomelett mit Salsa

Für 1 Person

Eier und Salsa passen vorzüglich zueinander. In diesem Omelettrezept geben wir die Salsa gleich mit in den Omeletteig. Sie können sich auch andere Variationen ausdenken.

ZUTATEN

2 oder 3 Eier
1 Prise Salz
einige Tropfen Tabasco
Butter oder Öl (zum Braten)
25 g geriebener Cheddarkäse
2 EL Tomatensalsa plus 1 EL zum Garnieren
2 Avocadoscheiben

ZUBEREITUNG

▶ Eier, Salz und Tabasco mit einer Gabel gründlich verquirlen. 1–2 Eßlöffel Butter oder Öl in einer Pfanne von 18–20 cm Durchmesser erhitzen, Eier hineingeben und Pfanne schwenken, damit sie sich gleichmäßig verteilen. Wenn sich der Rand des Omeletts zu wölben beginnt, heben Sie ihn mit einem Messer oder einer Gabel leicht an und kippen die Pfanne, damit das flüssige Ei aus der Mitte unter das Omelett läuft. Rundum nach diesem Schema verfahren, bis das Ei überall stockt, die Mitte des Omeletts jedoch noch weich ist. Käse in einem etwa 5 cm breiten Streifen in der Mitte des Omeletts verteilen und mit etwas Salsa übergießen. Ein Drittel des Omeletts mit einer Bratenschaufel über die Mitte falten. Das Omelett aus der Pfanne auf einen Teller gleiten lassen, dabei das andere Drittel über die Mitte legen. Mit Avocadoscheiben und 1 Eßlöffel Salsa garnieren.

Variation: Statt Salsa 3 Eßlöffel erwärmten scharfen Bohnen-Dip (Seite 52) in der Mitte des Omeletts verteilen. Die Bohnen mit Käse bestreuen und mit 2 Eßlöffeln Sauerrahm überschöpfen.

VEGETARISCHE GERICHTE

Frittata aus dem Südwesten

Für 4–6 Personen

Unter Frittata versteht man eine Mahlzeit aus Eiern, Käse und Bratkartoffeln, die mit Salsa verfeinert wird. Im Unterschied zu einem Omelett wird eine Frittata im Ofen gebacken und reicht für mehrere Personen. Am besten passen Salsas aus gegrillten oder gerösteten Chillies oder aus Paprika, wie Salsa mit gerösteten Jalapeño-Chillies (Seite 16) oder Rote-Paprika-Salsa (Seite 20). Wichtig ist außerdem eine feuerfeste Pfanne mit etwa 1 ½ Liter Fassungsvermögen. Wenn Sie keine solche Pfanne haben, braten Sie Kartoffeln, Zwiebeln und Salsa zunächst in der Pfanne an und geben sie dann mit den restlichen Zutaten in eine Kasserolle.

ZUTATEN

Pflanzenöl (zum Braten)
300 g Kartoffeln, geschält und gewürfelt
1 große Zwiebel, gehackt
175 g Salsa Ihrer Wahl plus etwas Salsa zum Servieren
100 g geriebener Cheddarkäse
6 Eier
2 EL Milch
1 TL Salz
½ TL Pfeffer

ZUBEREITUNG

▶ Öl in einer Pfanne erhitzen und die Kartoffeln und die Zwiebeln etwa 15 Minuten goldgelb braten. (Sie können die Kartoffeln auch fast weich dämpfen, dann würfeln und braten.) Salsa zugeben; falls Sie sich für eine Tomatensalsa entschieden haben, lassen Sie diese 5 Minuten köcheln, damit die Flüssigkeit verdampft. Pfanne vom Herd nehmen und den Ofen auf 200 °C vorheizen.

▶ Den geriebenen Käse über Kartoffeln und Zwiebeln streuen. Die Eier in eine Schüssel schlagen, mit Milch, Salz und Pfeffer verrühren und über die Kartoffelmischung geben. Die Frittata im Ofen etwa 15 Minuten backen, bis die Eier aufgegangen sind, sich die Mitte der Frittata setzt und der Rand knusprig ist. In Tortenstücke zerteilen und mit etwas Salsa servieren.

VEGETARISCHE GERICHTE

Maispfannkuchen mit schwarzen Bohnen

Ergibt 15–18 10 cm große Pfannkuchen,
für 6–8 Personen

Dieses herzhafte Gericht eignet sich vorzüglich für ein Brunch. Es besteht aus dünnen, knusprigen Maispfannkuchen, die mit pikanten schwarzen Bohnen, Salsa und Sauerrahm belegt sind. Die Bohnen, Salsa und auch der Pfannkuchenteig können schon am Vorabend zubereitet werden.

ZUTATEN

Maispfannkuchen (Rezept folgt)
400 g scharfer Bohnen-Dip (aus Bohnenmus)
175 g Salsa Cruda Ihrer Wahl (Seiten 18, 19)
350 ml Sauerrahm

ZUBEREITUNG

▶ Pfannkuchen laut nachstehendem Rezept zubereiten. Bohnen-Dip erwärmen. Fertige Pfannkuchen mit ein paar Löffeln Bohnen belegen, Salsa darübergeben und mit einem Klecks Sauerrahm garnieren.

ZUTATEN FÜR DIE MAISPFANNKUCHEN

50 g Weizenmehl
100 g Maismehl
1 TL Backpulver
1 TL Hausnatron
1 TL Salz
350 g Buttermilch
3 EL zerlassene Butter
2 Eier, leicht verquirlt
Öl (zum Braten)

ZUBEREITUNG

▶ Alle trockenen Zutaten in einer mittelgroßen Schüssel mischen. Buttermilch, zerlassene Butter und Eier vermengen und die trockenen Zutaten einrühren. Von Hand rühren, bis sich die Zutaten gut vermischt haben, aber noch einige Klümpchen zu sehen sind.

▶ Ein wenig Öl in einer Pfanne erhitzen, gerade so viel, daß der Boden bedeckt ist. Einige Löffel Teig in die Pfanne geben und diese so kippen, daß der Teig verläuft. Deckel auflegen und bei mittlerer Hitze leicht bräunen. Pfannkuchen wenden und die andere Seite ebenfalls bräunen. Nicht zu viele Pfannkuchen auf einmal backen, gegebenenfalls zwei Pfannen verwenden. Wenn nötig, etwas mehr Öl zugeben.

VEGETARISCHE GERICHTE

Doppelte Salsa mit Schwarzaugenbohnen

Für 6–8 Personen

Hier handelt es sich um eine vegetarische Abwandlung von Hopping John, jenem Gericht aus Schwarzaugenbohnen und Reis, mit dem die Amerikaner im Südwesten den Neujahrstag feiern. Statt mit Schinken kochen wir die Bohnen hier mit Chipotle-Salsa, was ihnen ein scharfes, rauchiges Aroma verleiht und den fehlenden Fleischgeschmack ersetzt. Über Reis und Bohnen löffeln wir eine rohe Tomatensalsa, die das Gericht farblich und geschmacklich wunderbar abrundet.

ZUTATEN

350 g getrocknete Schwarzaugenbohnen
300 g Chipotle-Salsa (Seite 34)
1–2 TL Salz
½ TL Pfeffer
1,5 kg gekochter Reis
etwa 350 g Salsa Cruda III (Seite 19)
40 g Frühlingszwiebeln, gehackt

ZUBEREITUNG

▶ Die Bohnen verlesen, Steinchen aussortieren, und in einen großen Topf mit 1 ½ l Wasser geben. Zum Kochen bringen und zugedeckt 2 Minuten kochen lassen. Herd ausschalten und die Bohnen 1 Stunde quellen lassen.

▶ Die Bohnen abgießen und abtropfen lassen. Topf ausspülen, die Bohnen wieder hineingeben und bis 7,5 cm mit Wasser auffüllen. Zum Kochen bringen und bei niedriger Hitze köcheln, bis ein Großteil der Flüssigkeit verdampft ist und die Bohnen weich sind. Kurz vor dem Ende der Garzeit Chipotle-Salsa, Salz und Pfeffer zugeben und einige Minuten mitkochen.

▶ Den Reis in Schüsseln füllen und die Bohnen darübergeben. Frühlingszwiebeln unter die Salsa Cruda mischen und die Salsa über den Bohnen verteilen.

Nachspeisen

Honig-Ingwer-Salsa mit Pfirsich
Tropische Dessertsalsa
Fruchtsalsa Romanoff
Bananensalsa
Salsa-Eiscreme
Sopapillas
Kekskörbe mit Ricottacreme und Fruchtsalsa

NACHSPEISEN

Honig-Ingwer-Salsa mit Pfirsich

Ergibt etwa 600 g

Diese Dessertsalsa schmeckt hervorragend über Eiscreme, eignet sich aber auch als Füllung für Sopapillas (Seite 141) oder Kekskörbe mit Ricottacreme (Seite 142). Außerdem können Sie selbstgemachte Eiscreme damit verfeinern (Seite 140). Die Pfirsiche lassen sich durch Nektarinen ersetzen.

ZUTATEN

500 g reife Pfirsiche, geschält, entsteint und in 5 mm große Würfel geschnitten
1 Jalapeño-Chili, ohne Kerne, feingehackt
1 TL frischer Ingwer, gerieben
1 EL Honig
2 EL frisch gepreßter Orangensaft
½ TL Zimt

ZUBEREITUNG

▶ Alle Zutaten mischen. Vor dem Servieren mindestens 30 Minuten ziehen lassen, damit sich die Aromen entfalten können.

NACHSPEISEN

Tropische Dessertsalsa

Ergibt etwa 600 g

Diese süße Salsa erhält durch Chilipulver einen Hauch Schärfe. Nehmen Sie so viel Chilipulver, wie Sie mögen, und achten Sie darauf, daß gekauftes Chilipulver viel milder ist als selbstgemahlenes. Ein Eßlöffel frische gehackte Pfefferminze verleiht der Salsa eine interessante Note. Wie alle Fruchtsalsas schmeckt auch diese vorzüglich zu Eiscreme (Seite 140), Sopapillas (Seite 141) oder Keksköben mit Ricottacreme (Seite 142).

ZUTATEN

1 Mango, geschält, entsteint und in 5 mm große Würfel geschnitten
150 g Cantaloupe, in 5mm große Würfel geschnitten
150 g frische Ananas, in 5 mm große Würfel geschnitten
1 EL brauner Zucker
etwa 1 TL Chilipulver (nach Belieben)
je 1 EL frisch gepreßter Orangen- und Limonensaft

Zubereitung

▶ Alle Zutaten mischen. 30 Minuten ziehen lassen, nochmals abschmecken und servieren.

NACHSPEISEN

Fruchtsalsa Romanoff

Ergibt etwa 350 g

Für diese Salsa können Sie Früchte der Saison verwenden, eigentlich gehören jedoch auch einige Erdbeeren mit hinein. Zu Eiscreme oder Früchtekuchen reichen.

ZUTATEN

50-75 g Zucker
4 EL frisch gepreßter Orangensaft
2 EL Orangenlikör oder Cognac (nach Belieben)
350 g Früchte, in Scheiben oder Würfel geschnitten, davon mindestens 75 g Erdbeeren, ansonsten Pfirsiche, Pflaumen, Aprikosen, Kirschen, kernlose Trauben, Himbeeren oder andere Früchte

ZUBEREITUNG

▶ Orangensaft, -likör und Zucker verrühren. Zuckermenge je nach Süße der Früchte bemessen. Früchte in eine Schüssel geben, mit Marinade übergießen und leicht verrühren. Mindestens 1 Stunde kühl stellen, dabei gelegentlich umrühren.

Bananensalsa

Für 4–6 Portionen Eiscreme

Bei diesem Rezept handelt es sich um eine Variante der im angelsächsischen Raum bekannten und beliebten Nachspeise Bananas Foster. Diese Bananensalsa schmeckt herrlich über Vanilleeis.

Zutaten

Vanilleeis
3 EL Butter
3 EL brauner Zucker
½ TL Zimt
3 EL Rum, Orangenlikör oder -saft
2 mittelgroße reife, aber noch feste Bananen, in Würfel geschnitten

Zubereitung

▶ Bitten Sie jemanden anderen, das Vanilleeis in Dessertschüsseln zu füllen, denn die Bananensalsa ist im Nu zubereitet.

▶ Butter in einer mittelgroßen Pfanne bei niedriger Hitze zerlassen. Braunen Zucker und Zimt einrühren und auflösen. Rum, Orangenlikör oder -saft zugießen und etwa 30 Sekunden weiterrühren. Bananenstücke in die Pfanne geben, etwa 1 Minute leicht köcheln lassen, bis sie etwas weich sind, und über die Eiscreme verteilen.

Salsa-Eiscreme

Ergibt etwa 1 1/2 Liter

Die Salsarezepte in diesem Kapitel eignen sich hervorragend, um selbstgemachte Eiscreme damit zu verfeinern. Falls Sie Honig-Ingwer-Salsa mit Pfirsich (Seite 136) für Ihre Eiscreme verwenden, können Sie getrost zwei nicht entkernte Jalapeño-Chillies mehr nehmen, da die Sahne die Schärfe der Chillies mildert.

ZUTATEN

250 ml Sahne
knapp 500 ml Milch
2 Eigelb
175 g Zucker
350 g Dessertsalsa

ZUBEREITUNG

▶ Sahne und Milch in einem Topf mittlerer Größe zum Kochen bringen. Vom Herd nehmen und 10 Minuten abkühlen lassen. In der Zwischenzeit Eigelbe schaumig schlagen, Zucker zufügen und nochmals 1 Minute kräftig schlagen. Ein wenig von der warmen Milch unter die Eier geben, um die Temperatur allmählich anzugleichen. Nach und nach mehr Milch zugießen und schließlich unter ständigem Rühren die ganze Milch mit der Ei-Zucker-Mischung vermischen.

▶ Ei-Milch-Mischung wieder in den Topf geben und langsam erhitzen, bis sie leicht eindickt, aber nicht kocht. Vom Herd nehmen, etwas abkühlen lassen und dann 30 Minuten in den Kühlschrank stellen.

▶ Salsa unter die Eismasse rühren. Alles in die Eismaschine geben und gemäß den Anweisungen des Herstellers einfrieren.

Sopapillas

Ergibt etwa 20 Sopapillas

Sopapillas sind kleine fritierte Teigtaschen, die traditionellerweise mit Honig beträufelt oder mit Puderzucker und Zimt bestreut serviert werden. In unserem pfiffigen Rezept füllen wir sie zusätzlich mit Dessertsalsa.

Zutaten

225 g Mehl
2 EL Backpulver
½ TL Salz
40 g Margarine
Pflanzenöl (zum Fritieren)
gemahlener Zimt
Puderzucker
250 g Dessertsalsa Ihrer Wahl

Zubereitung

▶ Mehl mit Backpulver und Salz in einer Schüssel mischen. Margarine in kleinen Stücken in die Mehlmischung einrühren, bis sie krümelig wird. 175 ml Wasser zugeben und kneten, bis ein fester Teig entsteht. Teig in Klarsichtfolie wickeln und etwa 30 Minuten ruhen lassen.

▶ Die Hälfte des Teigs auf einer bemehlten Arbeitsfläche 3 cm dick ausrollen und in Quadrate von etwa 7,5 cm Kantenlänge schneiden. Teigreste unter die andere Hälfte des Teigs kneten und den Arbeitsgang wiederholen.

▶ Öl 2,5–5 cm hoch in eine Bratpfanne geben und auf 190 °C erhitzen. Achten Sie auf die richtige Temperatur, sonst werden die Sopapillas – bei zuwenig Hitze – teigig oder verbrennen außen, wenn das Öl zu heiß ist. Ein paar Sopapillas so ins heiße Öl geben, daß sie sich nicht berühren, und auf jeder Seite etwa 1 Minute goldbraun ausbacken. Aus der Pfanne nehmen und auf Küchenpapier abtropfen lassen. Zwischen den einzelnen Fritiergängen Öl wieder auf Temperatur kommen lassen.

▶ Sopapillas mit Zimt und Puderzucker bestreuen. Eine Seite mit dem Messer aufschlitzen und Sopapillas mit je 1 Eßlöffel Dessertsalsa füllen.

NACHSPEISEN

Kekskörbe mit Ricottacreme und Fruchtsalsa

Für 6 Personen, 2 Kekse pro Person

Die Zutaten dieser leichten und delikaten Nachspeise kann man gut im voraus zubereiten. Nur die Salsa sollten Sie erst kurz vor dem Servieren zugeben.

ZUTATEN FÜR DIE KEKSKÖRBE

75 g geröstete Pinienkerne (siehe Hinweis)
40 g weiche Butter
75 g Zucker
1-2 Tropfen Vanillearoma
3 Eiweiß
¼ TL Zimt
⅛ TL Salz
5 EL Mehl
Ricottacreme (Rezept folgt)
etwa 175 g Dessertsalsa Ihrer Wahl

ZUBEREITUNG

▶ Den Ofen auf 190 °C vorheizen. Die Pinienkerne in der Küchenmaschine grob mahlen, aber nicht zu einem Mus werden lassen.

▶ Zwei Backbleche mit Pergament- oder Backpapier auslegen. Nichteingefettetes Pastetenblech für 12 Pastetchen bereithalten.

▶ Butter, Zucker und Vanillearoma schaumig rühren. Eiweiß, Zimt und Zucker zugeben und zu einer glatten Masse verrühren. Gemahlene Pinienkerne und Mehl zugeben und alles nochmals gründlich glattrühren.

▶ Den Teig eßlöffelweise in Abständen von etwa 10 cm auf die vorbereiteten Backbleche geben und mit einem Teigschaber zu Kreisen von etwa 7,5 cm Durchmesser auseinanderziehen. Etwa 7 Minuten backen, bis die Kekse an den Rändern leicht zu bräunen beginnen. Am besten nur ein Backblech in den Ofen schieben, weil Sie die Kekse rasch weiterverarbeiten müssen.

▶ Die Kekse sofort aus dem Ofen und mit einer Palette vom Blech nehmen und warm in die Pastetenförmchen drücken. Die überstehenden Ränder müssen nicht abgeschnitten werden. Zügig arbeiten, sonst kühlen die Kekse zu sehr aus und brechen leicht. Zweites Blech in den Ofen schieben und den Arbeitsgang wiederholen. Kekse in der Pastetenform auskühlen lassen. (Hinweis: An Tagen mit hoher Luftfeuchtigkeit werden die Kekse nicht knusprig. Dann sollten Sie sie bis zum Servieren in der Pastetenform lassen.)

▶ Kekskörbe mit Ricottacreme füllen, jedoch nicht länger als 2 Stunden vor dem Servieren, damit die Kekse nicht durchweichen. Unmittelbar vor dem Servieren mit 1 Eßlöffel Fruchtsalsa garnieren.

ZUTATEN FÜR DIE RICOTTACREME

6 EL Sahne
1-2 Tropfen Vanillearoma
100 g Ricotta
75 g Puderzucker

ZUBEREITUNG

▶ Die Sahne mit dem Vanilleextrakt sehr steif schlagen. Ricotta und Puderzucker in einer zweiten Schüssel gründlich mischen, unter die Schlagsahne heben und kühl stellen.

▶ Geröstete Pinienkerne: Pinienkerne auf einem Backblech gleichmäßig verteilen. Bei 180 °C in 5-10 Minuten goldbraun rösten. Pinienkerne verbrennen rasch, deshalb öfter nachsehen.

REGISTER

A
Ananas 10, 12
- Ananas-Ingwer-Salsa 42
- in Tropischer Dessertsalsa 137
- in Tropical-Salsa 42

Avocados 9
- Avocado-Mango-Salsa 42
- Avocadosalsa 22
- Avocado-Garnelen-Boote 66
- Avocadosuppe 76
- Avocadosalsa-Aufstrich mit Hähnchen 54
- in Hähnchen-Reis-Salat 73
- in Fajita 72
- in Guacamole 16, 17
- in Spülstein-Guacamole 28
- in Drei-Lagen-Fiesta-Dip 56
- in Nachos 54
- in Salat mit Avocados und Zuckermaissalsa 70
- in Tripel-Salsa-Creme 50

B
Bananensalsa 139
Barbecue-Salsa 26
Bohnen 10
- Chillies Rellenos mit schwarzen Bohnen 103
- Chorizo-Bohnen-Dip 53
- Doppelte Salsa mit Schwarzaugenbohnen 133
- in Drei-Lagen-Fiesta-Dip 56
- Lamm mit Schwarze-Bohnen-Salsa 114
- Maispfannkuchen mit schwarzen Bohnen 132
- Polenta mit Schwarze-Bohnen-Salsa 126
- Rote Bohnen mit Reis 84
- Salat mit Lachs und Schwarze-Bohnen-Papaya-Salsa 67
- Salat mit Schwarzaugenbohnen 71
- Scharfer Bohnen-Dip 52
- Schwarze Bohnensuppe mit Chorizo 80
- Schwarze-Bohnen-Papaya-Salsa 46
- Schwarze-Bohnen-Salsa 26
- Schwarze-Bohnen-Suppe mit Chorizo 80
- Schwarze-Bohnen-Zuckermais-Salsa 36

C
Ceviche 118
Chillies Rellenos mit schwarzen Bohnen 103
Chili-Sahne-Fettuccine mit Garnelen 92
Chillies
- Anaheim 7
- Ancho 8
- California 8
- Cascabel 8
- Cayenne 8
- Chili de Arbol 9
- Chili Gueros 8
- Chipotle 8, 9
- Cubanelle 8
- Fresno 8
- Habanero 8
- Jalapeño 8
- New Mexico 7, 8
- Pasilla 8
- Poblano 7
- Serrano 8

Chillies, Zubereitung 11–13
Chili con queso 62
Chimichurri 113
Chipotle-Salsa 34
Chorizo 10
- Chorizo-Bohnen-Dip 53
- Schwein mit Chorizo-Reis-Füllung 112

Cumin 10

D
Drei-Lagen-Fiesta-Dip 56

E
Eierspeisen
- Frittata aus dem Südwesten 131
- Huevos Rancheros 127
- Huevos Rancheros de Luxe 128
- Käseomelett mit Salsa 130
- Maispfannkuchen mit schwarzen Bohnen 132

Empanadas 60
Enchiladas mit Huhn und Grüner Chilisauce 99
Enchiladas mit Rind und Roter Chilisauce 100

F
Fajita, Salat mit marinierten Rindfleischstreifen 72
Fajitas 98
Feijoada 85
Frittata aus dem Südwesten 131
Fruchtsalsa Romanoff 138

G
Garnelengerichte
- Avocado-Garnelen-Boote 66
- Ceviche 148
- Chili-Sahne-Fettuccine mit Garnelen 92
- Garnelen in Chipotle-Salsa 121
- Garnelen mit Parmaschinken 51
- Gegrillte Garnelen 119
- Meeresfrüchtesalsa auf Frischkäse 58
- Suppe aus gegrillten Meeresfrüchten 82

Gegrillte Kammuscheln 120
Gegrillter Lachs 122
Grill-Huhn 110
Grundzubereitung für gekochte Salsas 32
Grüne Chilisauce 32
Grüner Reis 93
Guacamole 16, 17
Gurkensalsa 20

H
Habanero-Mango-Salsa, gegrillte 44
Habanero-Salsa, feurige 38
Habanero-Tomatillo-Salsa 24
Hamburger 114
Hausgemachte Tortilla-Chips 59
Honig-Ingwer-Salsa mit Pfirsich 136
Hühnchengerichte
- Avocadosalsa-Aufstrich mit Hähnchen 54
- Grillhuhn 110
- Enchiladas mit Huhn und Grüner Chilisauce 99
- Hähnchen-Reis-Salat 73
- Jerk Chicken 107
- in Limonen-Tortilla-Suppe 78
- Salsa-Huhn 106
- in Tostaditas 63

J
Jerk Chicken 107
Jicamaknolle 10
- Jicama-Orangen-Salat 72
- Jicama-Pfirsich-Salsa 45

K
Käsegerichte
- Chillies Rellenos mit schwarzen Bohnen 103
- Drei-Lagen-Fiesta-Dip 56
- Huevos Rancheros 127, 128
- Käseomelett mit Salsa 130
- Meeresfrüchtesalsa auf Frischkäse 58
- Nachos 54
- Quesadillas 96
- Scharfer Bohnen-Dip 53
- Tripel-Salsa-Creme 50

Kaktussalsa 25
Kekskörbe mit Ricottacreme und Fruchtsalsa 142
Knoblauch 9, 12
Knoblauchsalsa 35
Korianderkraut 10
Koriander-Chili-Pesto 28

L
Lachs, grillt 122
Lamm mit Schwarze-Bohnen-Salsa 114
Limonen-Tortilla-Suppe 78

M
Machaca 108
Maismuffins 89
Maispfannkuchen mit schwarzen Bohnen 132
Mangos 10, 12
- Avocado-Mango-Salsa 42
- Gegrillte-Mango-Habanero-Salsa 44
- Mangosalsa 46
- in Tropischer Dessertsalsa 42

Mariniertes Hüftsteak 109
Meeresfrüchtesalsa auf Frischkäse 58

N
Nachos 54
Nektarinen 10
- Nektarinensalsa 45

Nopales 25
Nudeln mit Salsa aus sonnengetrockneten Tomaten 88

O
Obst 10
Olivensalsa 22
Orangen-Jicama-Salat 72
Oregano 10

P
Papayas 10
- Schwarze-Bohnen-Papaya-Salsa 46
- Preiselbeer-Papaya-Salsa 44

Pfirsiche 10
- Jicama-Pfirsich-Salsa 45
- Honig-Ingwer-Salsa mit Pfirsich 136

Paprikaschoten 10–12
- Grüne Paprika mit Garnenfüllung 123
- Rote-Paprika-Salsa 20
- Rote-Paprika-Salsa mit Tomaten-Basilikum-Suppe 77

Pikantes Crab-Chowder mit Mais 78
Polenta mit Schwarze-Bohnen-Salsa 126
Pozole 81

Q
Quesadillas 96

R
Radieschensalsa 28
Rotbarsch Veracruz 120
Rote Chilisauce 33
Reisgerichte
- Doppelte Salsa mit Schwarzaugenbohnen 133
- Grüner Reis 93
- Hähnchen-Reis-Salat 73
- Rote Bohnen mit Reis 84
- Spanischer Reis 90

Rindfleischgerichte
- Enchiladas mit Rind und Roter Chilisauce 100
- Chimichurri 113
- Fajitas 98
- Hamburger 114
- Machaca 108
- Mariniertes Hüftsteak 109

Rösten und Grillen 11, 12

S
Salat mit Lachs und Schwarze-Bohnen-Papaya-Salsa 67
Salsa Cruda 18, 19
Salsa-Eiscreme 140
Salsa mit gerösteten Jalapeño-Chillies 16
Salsa verde 35
Scharfe Kräutersalsa 25
Scharfes Crab-Chowder mit Mais 78
Schwarze-Bohnen-Suppe mit Chorizo 80
Schweinefleischgerichte
- Feijoada 85
- Pozole 81
- Rote Bohnen mit Reis 84
- Schwein mit Chorizo-Reis-Füllung 112

Sopapillas 141
Spanischer Reis 90
Spülstein-Guacamole 28
Suppe aus gegrillten Meeresfrüchten 82

T
Tomatillos 9, 12
- in grüner Chilisauce 32
- in Salsa Verde 35
- Tomatillo-Habanero-Salsa 24

Tomaten 9, 12
Tomatensalsas
- Barbecue-Salsa 26
- Grundzubereitung für gekochte Salsas 32
- Kaktussalsa 25
- Chipotle-Salsa 34
- Feurige Habanero-Salsa 38
- Knoblauchsalsa 35
- Salsa Cruda 18, 19
- Scharfe-Kräutersalsa 25
- Tomaten-Minze-Salsa 24
- Wintersalsas 38, 39
- Tomaten-Basilikum-Suppe mit Rote-Paprika-Salsa 77

Tomatensalat mit Olivensalsa 68
Tostadas 102
Tostaditas 63
Tripel-Salsa-Creme 50
Tropical-Salsa 42
Tropische Dessertsalsa 137

W
Wintersalsas 38, 39

Z
Zucchinisalsa 21
Zuckermais
- Schwarze-Bohnen-Zuckermais-Salsa 36
- Salsa aus geröstetem Zuckermais 29
- Zuckermaissalsa 21
- Salat mit Avocados und Zuckermaissalsa 70

Zwiebeln 9, 12